U0668970

21世纪广告智能运作书系

书系主编　高凯征

广告策划运作

主编　董　旭　王　凯　孙雪娇

中南大学出版社

www.csupress.com.cn

总序

　　广告业的繁荣在中国也就是十几年的时间。十几年间，中国大体上完成了计划经济向市场经济转型，广告业伴随着市场经济的发展而发展起来。同时，它也是市场经济的有机构成。广告业在市场经济中发展，市场经济在广告业中展示。

　　不过，广告作为传播商品或商品生产信息的形象手段，却由来已久，大约有两千多年了。声音广告、实物广告、标志广告、色彩广告、语言广告等，先秦至汉就不断地普遍起来。历史是文化的构成与展现形态，又是文化的过滤器。在漫长的历史过程中，很多存在过甚至繁荣过的东西消失了，很多先前没有的东西产生了并且繁荣了，更有一些东西消失了复又产生，产生了又再消失，几起几落，这就是历史的文化过滤作用。历史过滤有历史根据历史标准，合于这根据的东西就保留和繁荣起来，不合于这根据的东西就被滤除或者淘汰。这历史的根据或标准又不断地变化，此一时彼一时，这就有了此时被淘汰而彼时又生出的情况。再有，这历史的过滤作用又有空间地域的差异，在此一地产生的东西在彼一地未必产生，在此一地被淘汰的东西在彼一地未必淘汰。比如中国的京剧在西方就没有，而西方规模宏大的教堂群在中国也没有。时间与空间是历史的基本形态也是历史过滤作用的基本形态。不过，不管历史怎样发挥着过滤作用，怎样使不少东西被滤除使不少东西消而又生或生而又消，也不管历史怎样地体现为空间或地域差异，广告却在历史中长盛不衰。这样，广告及广告业就成为一种普遍的历史现象。当然，广告业作为"业"而产生并繁荣这是社会分工的结果。社会分工有社会分工的条件，当广告业作为"业"而独立并繁荣时，相应的历史条件便是商品经济的一定程度的发展与发达。据史料记载，唐宋两代是中国广告业相当繁荣的两个时期，专门有一批技艺高超的手艺人在专门的场所从事着花样繁多的精美的广告制作，当时，车船、房架、院墙、廊柱、铺面、门脸、摊亭等都作为广告媒体被开发出来。唐宋时期，正是中国商品经济空前发展的时期。有人说，盛世广告多。这话不假，不仅唐宋，历史上凡值盛世，便都有广告的繁荣。从这一意义说，广告是建立在商品经济基础上的社会繁荣的晴雨表。

广告及广告业与商品经济的内在联系则在于广告乃是商品经济的表象，商品及商品经济经由广告及广告业创造的表象而自我表征、传播信息、营造市场并赢得市场。"酒香不怕巷子深"是因为好酒借助于人们的口碑广告而走出深巷，广为人知，进入市场。有些人认为商品好没有广告照样不愁买主，这种看法的迂腐处在于它不知道一传十十传百的好口碑本身就是广告，同时它也不知道大家所以乐于传乐于使自己成为那好酒的活广告，乃是因为那好酒需要广告，需要广告才有一传十十传百的广告效应，也才有那酒的更好；此外，这迂腐还在于，迂腐者没有想到，如果那好酒有了更多的广告宣传形式，它会获得更大的市场，它将由深巷进入闹市，再由闹市走向全国乃至世界。

这就涉及广告与商品、与厂家、与市场、与消费者、与媒体的关系。这是一个复杂的关系群。构成关系群的每一方都在不停地变化，而任何一方的任何一点变化都会经由这复杂的关系引起其他各方的变化。问题是所有这些方面又都在不断地变、同时地变，这就是变幻莫测了。不少商品，不少厂家，不少广告部门，不少广告媒体，就是因为没有很好地顾及各方之变，顺应各方之变，进而以应万变而寻求自身发展的不变，而终于每况愈下甚至淘汰出局。商品经济愈发达，广告业愈繁荣，由上述诸关系方面组成的关系群也就愈千变万化、充满玄机，愈要求眼观六路耳听八方，随机而起应时而动。这样一来，专门研究广告的广告学就成为综合各方的、动态的、机智的、富于创造性的学问，从广告业的经营与发展角度说，这几乎成为一门事关存亡的学问。

当下，中国的市场经济进入繁荣期，很多专家学者认同这样的说法，即随着市场经济的更加繁荣，中国的社会发展已呈现出众多的历史盛世特征。这样一来，就盛世广告多的历史一般性而言，中国广告业的更加繁盛正成为不争的事实。广告业的繁盛自然要集聚一大批广告从业人员，即所谓广告人；而广告学事关经营之存亡与发展的严重性，又使得这门学问成为广告人及有志于广告的人无可回避、必须精修的学问。由此，广告便有了相当普遍而且强烈的求教与施教的社会需求。一些专门从事广告学教学的院校或专业陆续被催生与发展，一批专事广告教学及研究的教师先后进入角色，更多急欲求知的学生也带着广告人的梦想走进课堂。20 世纪 90 年代初，极少数率先开设广告专业的教学者还被业内人士讥笑为投市场经济之机巧，曾几何时，大家又都唯恐不先地挤入这块专业教学领域。这又一次证明任何选择都无从离开发展变化的现实，发展才是硬道理。

真正有成效的广告教学离不开适宜于广告发展现实的教材。然而现实发展太快，广告学问的社会需求也来得太猛烈，而任何一门知识的教材又需要一个积累沉淀的过程。虽然可以借鉴，借鉴邻近学科的教材，借鉴先行的他国同类学科教材，但这毕竟是借鉴而且也只能是借鉴。中国的广告教材如果不适宜中国广告的发展规律，那就只能是花拳绣腿误人子弟。

适宜于中国广告业实际、适宜于中国广告发展、适宜于中国广告人才需要的广告教材，成为急切的时代呼唤。

摆在读者面前的这套"21 世纪广告智能运作书系"正是应时代呼唤而生，应时代的广告教学需要而生。它承载着历史的广告业的坎坷起落而来，积聚着广告的经验积累而来，负载着广告人的热切期待而来，承担着广告学及广告业繁荣的压力而来。它是一个风尘仆仆的赶路者，带着喧嚣的市场风尘进行冷静的思索。

广告这门学问是一个综合性很强的学问，它须直面充满活力并变动不居的现实复杂的广告场景，须对解答实践着的广告及广告业难题提供富于实践意义的启发与引导，它还必须提供广告开发与创造广告精品、更充分地发挥广告效应的方略。这就是广告学的现实具体性特征。在所有的学问中，具体性的而非抽象性的学问是极具知识综合性的学问，没有众多知识的融会贯通就没有现实具体性的学问性及实践性的实现。广告策划、广告创意、广告经营、广告媒体开发、广告制作等，都直接面临具体的实施效果问题，而每一个效果的获取又都涉及众多方面知识。广告策划的总体方略，怎样既合于商家又合于市场更合于消费者的关注？这就既要知晓商家的经营之道及经营状况，又要了解市场的变化规律、变化现实，还要了解消费者的消费期待、消费水平、消费习惯。这里的每一个方面都靠相关的知识支撑着：工商管理学的知识、经济学的知识、市场学的知识、消费学的知识、心理学的知识、美学的知识、文化学的知识、民俗学的知识、传播学的知识、媒体学的知识、设计学的知识、写作学的知识，等等。这众多知识如血液贯体般地流转于广告学问及其应用中，任何一方面知识的不足都会给施教与应用带来窘迫与尴尬。有人说广告的学问在广告之外，这话当然是有道理的。当广告人不是很难，也就是个谋业与敬业问题，但要成为广告界精英、成为呼风唤雨的广告大师，那就大不容易了。其中的难就难在这需要大量的知识积累，需要从业于广告的人是一个真正意义的通才。按照这样的标准来编写广告学教材，要通过这样的教材去培养广告人，去为广告业精英、广告大师打下坚实的广告学基础，不突出广告学的知识综合性特点，显然不行。

此外，广告学问既非知的学问亦非技的学问，但它又离不开知与技，它介于知与技之间，是知的具体运用是技的经验向着知识的升华。中国古人称这类学问为"术"，古希腊的亚里士多德则称之为"艺"。广告学的教材如果按照纯然的知识类教材去编写，对定义范畴特点功能等，条分缕析，成识成体，不能说这类教材没用，这也只是专业知识的入门之用。而且，不管这类教材如何追求知识的体系性，理论的精深性，它也比不上那些理论性很强的专业。眼下不少这类关于"术"或"艺"的教材，特别在知识性理论性上下工夫，整个体例建立在原理、特点、功能等的知识性阐述的基础上。使用这样的教材，学生知道了是这么回事甚至知道了为什么是这么回事，但却不会动手动脑去做这事，这就是问题了，这显然有违教学的初衷。像这样的以知为重的教材，在广告学的各类学问中，在总类或重要分类中有一本两本概论性的东西也就够了。至于少数人要进一步深造，要在广告学领域做大学问，如攻读硕士或博士学位，进而成为这一领域的理论家，那当然须有更富于理论性的教材，但那又绝不是概论性的东西，而只能是专题研究的专著性教材。像现在不少教材那样，应用而不能用，专题研究却既非专题又不得专题之究，就不伦不类了。

当然，走另一种极端，把广告学问做成技术性教学，只是在动手、动口能力上下工夫，使学生所学仅止于如何市场调查，如何谈判，如何做灯箱广告路牌广告等，这也不合于广告的学问规定。这些具体动手或上手的技术性的学习或训练确实应该有，应该学与练，但不能仅止于此，还要进一步向知识学问的高度提升，即不仅使学生会动手去做，更要使学生知道为什么应这样去做，知道何以这样做行而那样做就不行。一则电视广告，从形象到言辞到场景和音乐，做出来播出来了，看上去似乎原本就应该如此，其实从制作者角度说，他着手制作时是面临着众多选择的，每一个局部或细部都有众多选择，对每一个选择他都要进行大量比较，而最终所以这样来做而不那样去做他都必须有所根据。这里是容不得盲目性的，也非随意之举。为什么有些电视广告，从模特表演到场景，音乐、言辞、摄制技术都很不错，受众也乐于观看，但十几遍播过去了，就是记不清所宣传的商品叫什么名称？为什么一些报纸广告整版地做，不断地做，受众应合率却远不如预期那么高？为什么一些优秀的现场广告可以技压群雄，从其他现场广告中脱颖而出一下便抓住受众的注意，而其他广告反倒成了陪衬？为什么一个广告策划可以救活一个企业、创出一个品牌，而更多的广告策划却无助于企业走出打不开市场的困境？为什么有些广告语美则美矣却乏力于促销，而另一些看似平常的广告语却产生出强而有力的关注效应，甚至一语定乾坤？这类问题主要并不是技术或技艺水平问题，这里有众多学问的灵活运用。仅从心理学角度说它就涉及感觉强化问题、知觉注意问题、同构问题、认知问题、想象问题、记忆问题、情感问题、共鸣问题，等等。对于制作者来说，桃李不言可以，心中无数则绝对不行。这心中的数就是学问。这学问的体现及获得这学问之方法的重要习得处所就是教材及使用教材进行教学的课堂。

广告学的"术"或"艺"的学问，在亚里士多德的"识"、"智"、"艺"的三元划分中属于"智"。"智"，即智能，这是开启、运用、展示聪明才智的能力。它不同于观念的知，也不同于技术技艺的技，智能是知与技的汇聚场所。无知则无智，同样，无技也无智，专门的知汇成专门的智，专门的技受导专门的智。而广告学的综合性又决定了广告之智乃是综合的智，它由众多知识支撑又向广告所需的众多技艺敞开。广告学问做成知的学问或做成技的传授都未见其本分，唯基于广告知识的广告智能开发，才是这门学问的起点与归宿。概括地说，就是如何进行广告学的智能传授与训练。这套"21世纪广告智能运作书系"就是奠基于广告学智能的传授与训练，并以此组合知识、转用知识、综合知识，再以此为根据形成思路和体例，建构以智能实训为特征的学问体系。

广告学的智能实训，需以教为引导以训为主元。教，主要讲授待训之智能的性质、结构、心理特征、训练根据、训练方法根据、训练要求、训练目的等等；训，则分导训、助训与自训，引导学生成为智能开发的主体。这类教与训再与相应的广告学知识关联起来，以相应的广告专业知识为专业智能实训的知识提领并据此营造相应的知识场景与应用场景，专业知识由此被讲授。在这样的学问系统中，专业知识铺设进去了，专业知识向专业智能实训的转化展开了，提升专业智能的目的也现实化了，学生学成后用于专业开发的业绩也就随之而来。就这样的知识—实训—智能提高—专业应用四位一体的教材学问构架及学问体系而言，这是一套应广告及广告业现实发展的实际需要，实现知识智能转化的富于创新性的教材。这套教材的构架与体系，决定着旨在开发智能的案例分析，旨在进行智能实训的专业场景式、专业课题式、专业情境式训练题目的设立，以及学生的实训参与、实训参与过程设计、实训成果检验这三个方面，它们在教材中占据重要位置。这里的难点及特点并不在于案例分析及训练题目的设立形式——这类形式在其他教材中也都不同程度地引起关注并设立，而在于把这类形式的根基设立于智能开发的基点。显然，让人知道一件事与教人做好这件事并不是一回事。出于知识的基点与出于实训的基点，两者即便用到同一个案例与设立同样的习题，其要求、其侧重、其具体分析与展开过程也大不相同。其中的差别，与告诉人南极旅游的知识和亲自组织旅游团到南极旅游是完全不同的两回事一样。

这套教材中的半数以上内容在此前三年中已在辽宁广告职业学院及部分从业人员培训中不同程度地试用，并在试用中得到了不同程度的修改与完善，收到的教学效果是令人振奋的。一些综合性大学的广告专业也已引入或正在引入这样的教学思路及这套教材此前已然成形的部分。

广告业的繁荣与发展催生着与之适应的广告学教学，卓有成效的广告学教学通过源源不断地为广告业输送开发了专业智能的人才而促进广告业的更加繁荣与发展。这个过程中，作为广告业及广告人才的答谢式馈赠，以智能实训为基点的广告学教材也在实践中如根基于沃土的苗木，饱受阳光雨露的滋养，正长成繁茂的森林。

现在，这套教材向读者们交付了，它需要在读者的批评中不断完善。

以此为序。

高凯征

目　录

广告策划运作流程图

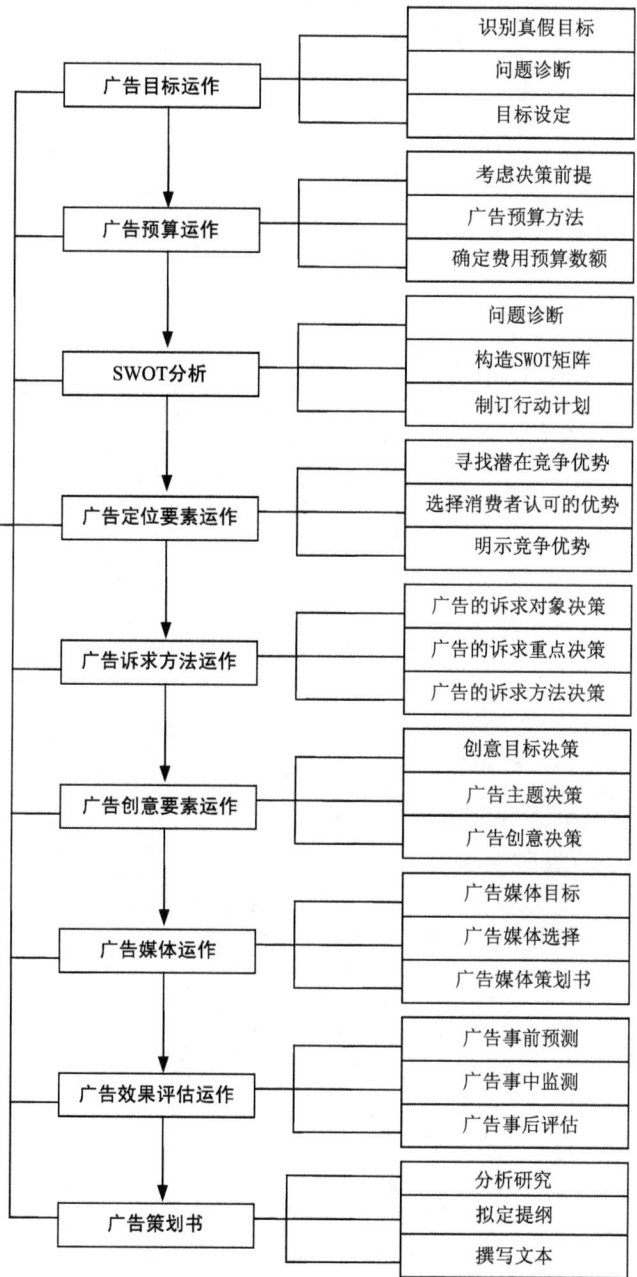

广告目标运作
- 识别真假目标
- 问题诊断
- 目标设定

广告预算运作
- 考虑决策前提
- 广告预算方法
- 确定费用预算数额

SWOT分析
- 问题诊断
- 构造SWOT矩阵
- 制订行动计划

广告定位要素运作
- 寻找潜在竞争优势
- 选择消费者认可的优势
- 明示竞争优势

广告诉求方法运作
- 广告的诉求对象决策
- 广告的诉求重点决策
- 广告的诉求方法决策

广告创意要素运作
- 创意目标决策
- 广告主题决策
- 广告创意决策

广告媒体运作
- 广告媒体目标
- 广告媒体选择
- 广告媒体策划书

广告效果评估运作
- 广告事前预测
- 广告事中监测
- 广告事后评估

广告策划书
- 分析研究
- 拟定提纲
- 撰写文本

第一章 广告目标运作

【广告目标运作的流程图】

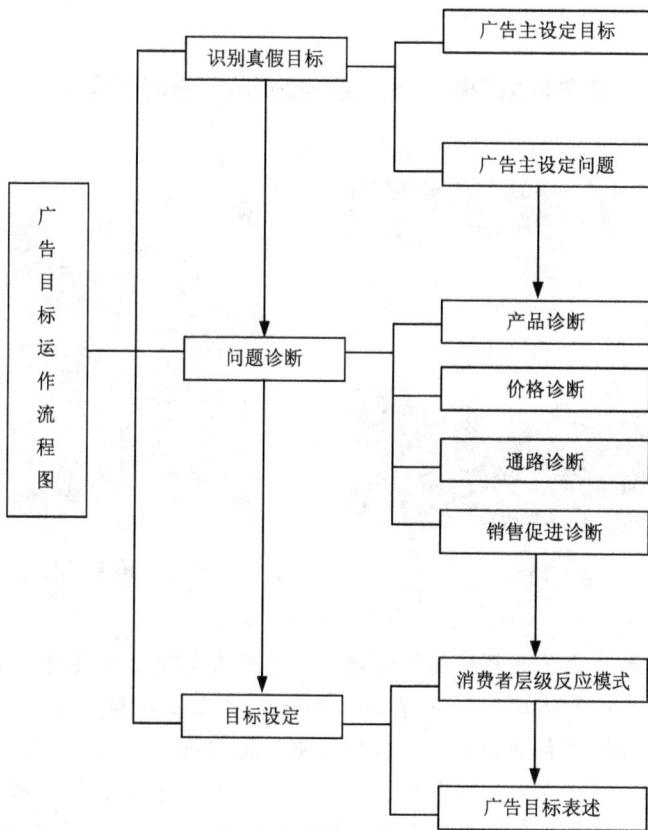

```
                              ┌─────────────────┐
                    ┌────────→│  广告主设定目标  │
          ┌──────────────┐    └─────────────────┘
          │  识别真假目标 │
          └──────────────┘    ┌─────────────────┐
                    └────────→│  广告主设定问题  │
                              └─────────────────┘
                                      │
                                      ↓
                              ┌─────────────────┐
                    ┌────────→│    产品诊断     │
                    │         └─────────────────┘
          ┌──────────────┐    ┌─────────────────┐
          │   问题诊断    │───→│    价格诊断     │
          └──────────────┘    └─────────────────┘
                              ┌─────────────────┐
                         ───→ │    通路诊断     │
                              └─────────────────┘
                              ┌─────────────────┐
                         ───→ │   销售促进诊断   │
                              └─────────────────┘
                                      │
                                      ↓
                              ┌─────────────────┐
                    ┌────────→│ 消费者层级反应模式 │
          ┌──────────────┐    └─────────────────┘
          │   目标设定    │
          └──────────────┘    ┌─────────────────┐
                    └────────→│   广告目标表述   │
                              └─────────────────┘
```

广告目标运作流程图

【学习目标】
1. 明确广告目标含义，理解广告目标的类型和重要性。
2. 熟练掌握广告目标形成流程，能够独立完成广告目标运作。
3. 掌握广告目标表述的方法，能够灵活运用广告目标表述的各种方法。

【案例导入 1-1】

江苏隆力奇集团进入细化市场的广告目标运作

图 1-1

图 1-2

在保健品和化妆品领域战绩辉煌的江苏隆力奇集团在刚进入细化市场过程中，首先确立了明确的广告策划目标——建立品牌知名度，引发市场关注。经过对目标消费者的生活形态和消费心理的研究，决定以"阿庆嫂"为品牌名，塑造一个人性化品牌角色，将品牌角色融入消费者的生活和情感中。在广告表现策略上为配合"阿庆嫂"洗衣粉上市，推出了"奔走相告"广告。创意通过一群人奔走相告"阿庆嫂来了"，"阿庆嫂来了"以重复多达 6 次的"阿庆嫂"品牌名称，迅速建立知名度并引起消费者关注。大家奔走相告，全部去迎接"阿庆嫂"。对于观众来讲，一般都认为是欢迎"阿庆嫂"这样一个人物，等创意包袱一打开，原来大家奔走相告热烈欢迎的是"阿庆嫂"洗衣粉！通过"误解"这样的创意方式，表现了"阿庆嫂"洗衣粉受欢迎的程度。故事继续演绎，大家一哄而上，直到把小商店刚到货的洗衣粉一抢而空，逼迫小店老板马上补货，生意好，供不应求，无形间迅速建立了品牌知名度，拉近了消费者与品牌的情感距离，建立起了品牌的好感度，同时强化了对渠道的刺激，鼓励经销商积极地去完成企业营销前期目标任务，并为后期目标的实施做好铺垫(见图 1 - 1 和图 1 - 2)。

【案例分析】

(1)确定广告目标是广告策划的一项重要工作，是进入广告策划阶段的首要任务。任何一家企业，如果要对其广告活动进行行之有效的管理，就必须首先设定预期所要达到的广告目标。一项广告活动，如果失去了目标也就丧失了方向。

(2)为"阿庆嫂"洗衣粉上市推出的"奔走相告"广告，通过故事的演绎，迅速地建立起知名度并引起了消费者关注，强化了对渠道的刺激，实现了预期的广告目标。

第一节 广告目标形成

【案例导入 1 - 2】

张裕葡萄酒广告目标形成

孙中山先生曾为张裕题词"品重醴泉"，盛赞张裕产品质量极佳。百年张裕葡萄酒素有"七分原料、三分工艺之说"，20 世纪 90 年代以来张裕投入 3 亿多元进行了大规模的技术改造，使公司单班灌装生产能力达到 10 万吨，还对国外葡萄酒酿造设备进行引进、吸收和消化，使张裕的技术装备保持与发达国家葡萄酒的生产设备同步。目前张裕的技术和工艺水平均达到国际同行业先进水平。百年张裕是饮誉中外的名牌产品，为我国争得唯一"国际葡萄·葡萄酒城"美誉，是同业中最具实力的企业集团之一。

一、营销环境分析

数据显示，中国红酒市场近几年一直以 15% ~ 20% 的速度增长，而北京、上海等高消费城市进口中高端葡萄酒市场销售量每年都维持 30% ~ 45% 的增长。中国红酒消费群体正以令人惊叹的速度扩张。对此，在 2009 年至今全球葡萄总产量下降，葡萄酒消费持续下滑的态势下，中国市场一枝独秀，使得世界著名葡萄酒厂商将目光投向了中国。

目前消费者主力已扩张到具备一定消费能力、讲究生活品质的公司职员、普通大众阶层等，年龄阶段也下降到青年领域。特别是正步入中年的80后群体，已逐渐成为葡萄酒消费的主力军。目前葡萄酒作为节假日礼品、家庭朋友聚会及婚宴等个人消费情况日益增多。随着近几年葡萄酒市场的发展，中国消费者对进口葡萄酒知识了解越来越多，消费也日趋理性。品牌、产地及产品种类、价格等成为人们选择进口葡萄酒的标准。随着普通民众的消费能力的提高，中低端产品有着非常巨大的市场潜力。

总而言之，中国葡萄酒市场巨大。

二、SWOT分析

优势：高品质的产品符合市场的需要；品牌知名度高；顾客的忠诚度也较高；传播得当容易引发追随，且促进销售；有自己的重点市场以及较强的市场推广能力和持续的促销支持。

劣势：缺乏完整的产品链；品种少；产品价位稍显偏高；渠道尚未实现二批分销；产品口感偏酸，顾客接受性差。年轻消费者对白兰地产品认知模糊，需要强有力的价值主张拉近距离。

机会：消费者逐渐青睐具有营养和保健功能的酒类。中端市场存在很大的市场空间，容易占位。忠诚的消费者会起到很好的带动作用。企业可以通过激励手段拉拢服务员协助推荐适当的广告投入来引导消费者接受高品质的产品。

威胁：红酒市场前景看好，品牌越来越多；中档的白酒市场的消费群相对忠实，如果没有强力有效的传播策略，不容易拉拢。

三、产品分析

1.产品介绍

张裕葡萄酒业务主打"4+1"战略，即四大酒庄+解百纳。"四大酒庄"包括烟台"张裕·卡斯特酒庄"、"张裕冰酒酒庄"、"北京张裕·爱斐堡国际酒庄"和"新西兰张裕·凯利酒庄"。

2.产品特征分析

口感偏酸。

3.产品生命周期分析

葡萄酒行业尚处在成长期，人均每年消费0.35升，仅为世界6%，消费量仅占国内酒类年消费总量的1%，中国葡萄酒市场存在巨大发展空间。张裕作为行业龙头，高端和国际化路线将支持公司获益于行业发展。

4.产品品牌形象分析

100多年来，几代张裕人矢志不渝、苦心孤诣、辛勤耕耘、精心酿制，奉献出饮誉中外的名牌产品。为我国争得唯一"国际葡萄·葡萄酒城"美誉，成为同业中最具实力的企业集团之一。张裕人一边酿造美酒，一边酝酿自己的酒文化。

四、消费者分析

从消费人群结构来看，葡萄酒的消费主体有四类。一类是大中型企业的白领高收入阶层；二类是群体公款消费，由政府和企业付款；三类是外国公民和高级酒店客人；四类是追求时尚的年轻人、中高收入的中青年消费者。这种消费结构不单2005年上半年如此，这也将是未来三四年的普遍现象。

从人口来看(1)中高端市场：中国的葡萄酒消费人群仍然集中在"权贵基层"，也就是当权者和富人之中，这一特征在未来还将继续存在。(2)低端市场：中产阶级兴起带来的影响。

从地域来看，葡萄酒消费量大都集中在东部和南部沿海发达的大中城市，中西部地区则主要集中在省会城市。

从生活习惯，从现代酒类消费趋势来看，人们已由嗜好性饮酒向交际性饮酒和品尝性饮酒过渡。

从价值取向来看，人们已经摒弃了爱高度、嗜烈性、求刺激的陋习，开始树立取低度、摄营养以调适、护养身心的新价值取向。葡萄酒顺应了这些趋势，成为最有发展潜力的酒种。

五、竞争者分析

中国葡萄酒从第一个工业化酒厂开始到现在已有100多年历史，近20年发展最为迅猛。据统计，中国现已有葡萄酒生产企业500多家，前10家占有61.8%的市场份额，形成了以张裕、长城、王朝、威龙为龙头的一线品牌企业，从大规模的工业化生产企业到小规模精细化生产企业，从全国代理到区域经销到终端销售，已形成了完整而庞大的产业体系。其中长城、张裕、王朝三分天下。以2006年计，三巨头的市场占有率合计已高达52%，资产合计拥有占全行业的38%，销售收入更是占到了全行业的56%，行业集中度非常高。在和进口葡萄酒的市场份额比较中，中国国产葡萄酒占有80%的市场，而进口葡萄酒占20%市场。具体来说，长城牵手世博会，成为继奥运会之后唯一获邀参与两大最具规模盛会的葡萄酒品牌，对提升中国葡萄酒行业整体素质及壮大高端势力，起到极大的示范作用。张裕通过国际酒庄联盟的形式，打造国际竞争力，进一步提升其在世界葡萄酒业的地位。王朝通过与强势资本结盟，不仅共同打造酒窖、酒堡与全新的产品，标志着王朝公司整合资源的战略已清晰显现。

六、竞争对手广告分析

长城葡萄酒的广告战略：

（1）广告目标：广告目标是突出该干白的优点和产品形象，使之根植于消费者心中，从而达到扩大影响、实现促销目的与营销的目的。

（2）广告对象：通过调查和综合分析认定，产品目标消费群确定为，高收入阶层和年轻人，年龄在 22～50 岁。

（3）广告创意：创意主题：系列产品的特性是广告创意来源的重要依据。该系列干白葡萄酒的优点有：能够软化血管，起到保健作用和美容养颜作用，降低发生心脏及循环系统疾病的危险，轻松爽口的低度保健葡萄酒，产品包装精美，无污染、无公害、安全、卫生、健康、营养的绿色食品。创意表现策略：①利用现代人对健康和养颜的执著及对绿色食品的喜好心理，提示和暗喻健康生活，营养人生的产品概念，把产品强烈地印在消费者心上，达到销售目的。②同时由于干红葡萄酒和干白葡萄酒在饮食文化上的区别，大多数人对干白特点尚缺乏了解。

（4）广告策略：该干白处于销售额稳步增长阶段，产品潜在市场大，购买欲强，应注意运用各种组合媒介造成较大的广告声势，给人强烈的印象，在较短时间内向消费者传递较为密集的信息量。同时，应采取集中性的广告宣传策略，侧重宣传产品性能、优点、特点，广告宣传对象重点在启发那些最先购买的用户，广告媒介也应选择与这些消费者关系最大的媒介方式，有重点地、组合协调地使用媒介和方法。

七、张裕葡萄酒广告目标

由于张裕葡萄酒的目标消费群体为 20～50 岁的时尚、自信且拥有不凡的文化品味的消费者，而且消费者的消费习惯已经基本上趋于稳定，广告的最重要目的是让消费者更好地了解产品特性，更好地满足消费者的感性诉求，寻找感觉的共通，广告所要达到的目标主要是：

（1）吸引新的消费者尝试张裕葡萄酒。

（2）提醒消费者持续购买，维持品牌忠诚度。

（3）将张裕百年的红酒文化继续发扬，树立更加厚重的企业文化。

（4）塑造新的品牌形象及提高品牌的知名度，宣传企业形象。

【案例分析】

《张裕葡萄酒广告策划案》中我们选取了其中广告目标制订部分。从此策划案中不难看出，广告目标的形成步骤和过程，营销环境分析、SWOT 分析、产品分析、消费者分析、竞争对手广告分析，基于以上分析，最终形成了张裕葡萄酒的广告目标。

一、目标含义

（一）定义

广告目标是指广告活动所要达到的预期目的。作为广告规划的总体要求和广告策划中各项活动的中心，广告目标规定着广告活动的总任务，决定着广告活动的行动、发展方向。企业通过确立广告目标，对广告活动提出具体要求，来实现企业的营销目标。

（二）广告目标与营销目标、广告指标、广告效果的关系

广告是企业营销策略的一个组成部分，广告目标与营销目标、广告指标、广告效果是有机联系的，但它们之间也存在明显区别。要有效地确立广告目标，首先必须了解广告目标与营销目标、广告目标与广告指标、广告目标与广告效果之间的联系与区别。

1. 广告目标与营销目标

营销目标是企业市场活动所要达到的总体要求，它包括市场开拓目标、利润目标、销售增长率目标和市场占有率目标等。而广告活动的目的则是以独有的方式促成上述目标的实现。广告目标和营销目标的共同之处是：开拓市场，增加销量，增长利润。广告目标又不完全等于营销目标。

第一，广告仅仅是影响营销的多种因素中的一种。营销目标的实现不仅受广告活动影响，而且还要受到产品质量、价格、销售渠道、人员推销、市场条件等诸多因素的影响。

第二，广告可以促成销售目标的实现，但广告本身并不能直接达到销售目的，它只是促进销售的一种重要手段。

第三，广告对于销售的影响是长期的。营销目标通常以某一时期的营销状况作为评价标准。而广告不但可以推动某一时期的营销目标的实现，而且还对营销目标具有长期性、迁延性的影响。

第四，广告不仅可以推动促销，促成营销目标的实现，而且还可以通过信息传播提高产品知名度，树立品牌形象。这些在短期内或许并不能立即反映在营销指标上，但对企业的营销有好处。

2. 广告目标与广告指标

广告目标是指广告活动要达到的目的，着重揭示行为、活动方向。广告

指标是指衡量广告活动效果的数量、质量等方面的计量标准。如"兴旺"企业广告目标是扩大销售、增加利润，其广告指标就应在数量上有具体规定，比如销售额增长 20%，利润增长 18%。没有具体指标的广告目标虽具有指导性，但是流于空泛，不便操作。广告目标也不完全等于广告指标。

第一，广告目标包括广告指标。广告指标是广告目标的一部分，是对广告战略目标的具体化和数量化。

第二，广告目标只有一个总目标或几个主要目标，广告指标可以是多种多样的，并且是能够考核的。

3. 广告目标与广告效果

广告效果，是广告作品通过广告媒体传播之后所产生的作用。广告效果一般表现为广告的经济效果、广告的心理效果、广告的社会效果。广告的目标也涉及经济、心理、社会等方面，两者在内容上是相同的。广告目标的主要内容是增加产品销售、提高产品的知名度，而这正是衡量广告效果的中心内容。

广告目标也不同于广告效果。广告目标是广告活动的预定目的，而广告效果则是广告活动实际达到的目的。由于主客观方面的复杂原因，广告效果可能超过预定目的，也有可能达不到预定的目的，而广告活动实际达到的目标才是广告效果。

二、目标类型

广告虽有其共同的、最终的目标，但不同企业在不同的时期，由于其经营目标、竞争环境、营销目标和策略、广告任务等方面的不同，广告的目标也会有所不同。按广告内容划分，广告目标可以划分为产品推广目标、市场扩展目标、销售增长目标、企业形象目标；按阶段划分，广告目标可以划分为创牌广告目标、保牌广告目标、竞争广告目标、塑造形象目标；按广告效果划分，广告目标可以分成促销目标和传播目标；按重要程度划分，广告目标可以分成主要目标和次要目标；按层次划分，可分为总目标和分目标。

（一）按广告内容划分

按不同内容，广告目标可以分为产品推广目标、市场扩展目标、销售增长目标、企业形象目标。

1. 产品推广目标

以产品推广为目标的广告旨在扩大产品的影响，希望通过一个阶段的广告活动，能使企业的产品为目标市场的消费者所接受。所以以产品推销为目标的广告战略，一般注重产品知名度与美誉度的提高，注意广告的覆盖面和目标市场消费者对广告的接受率。这类广告战略目标较适用于企业新产品的宣传，例如肯德基西班牙红烩篇。

2.市场扩展目标

以市场扩展为目标的广告旨在拓展新的市场，其希望通过一个阶段的广告活动使一批新的消费者加入本企业产品的消费行列。以市场扩展为目标的广告战略一般注重在新的消费群体中树立产品或企业的形象，注重改变这些消费者的消费观念。由于新的消费群体很可能以前购买竞争对手企业的产品，所以以市场扩展为目标的广告战略具有较强的竞争性和挑战性。如"缔元信"2011年广告目标：2011年是第三方数据服务公司缔元信成立四周年，缔元信经过四年的积累已经具备一定的知名度和美誉度，2011年的目标市场继续扩展，包括了网站、广告主客户和广告公司，并希望年内做到20% ~ 30%的市场份额。

3.销售增长目标

销售增长目标是企业广告活动最常见的目标。希望通过一个阶段的广告活动使企业的总销售额或某一类产品的销售额能增长到一定的程度。以销售增长为目标的广告一般注重于消费者购买欲望的刺激。这类广告目标通常适用于在市场上已有一定影响和销路的产品。

4.企业形象目标

以企业形象为目标的广告战略旨在扩大企业的影响。其希望通过一个阶段的广告活动来提高企业的知名度和美誉度，或提供某种服务，以显示企业对社会和大众的关注，建立良好的公共关系，促进企业的发展。所以以企业形象为目标的广告战略，不单纯追求短期内产品销售量的增长，而注重同目标市场消费者之间的信息和情感沟通，努力增强目标市场消费者对企业的好感。如：我国一家酒业股份有限公司作为全国最大的白酒生产基地之一，在全国糖酒交易会上第一次露面，其目的是让广大消费者、参会经销商进一步了解该品牌的产品，显示企业实力，唤起广大消费者和经销商对该品牌逐渐淡漠的记忆。

（二）按阶段划分

按不同阶段，广告目标可以划分为创牌广告目标、保牌广告目标、竞争广告目标、塑造形象目标。

1.创牌广告目标

创牌广告目标一般着重于开发新产品、开拓新市场。在广告活动中，着重宣传新产品的性能、特点和功效，以提高消费者对产品商标、厂牌的认识、理解、记忆程度，加深对产品的印象，从而提高产品的知名度。此类广告并不急于促进销售，而在于推出新产品，努力开拓新市场，劝导广告受众产生尝试新产品的心理，并逐渐接受新产品。

2. 保牌广告目标

保牌广告目标通常在于巩固已有的市场，深入开发潜在市场。在广告宣传中，此类广告一般采取连续广告形式，着重劝说和诱导消费者保持对产品已有的认识和形象，形成消费者对产品的购买习惯。如可口可乐、百事可乐公司在我国饮料市场上的系列广告宣传，即是这两家公司为实现保牌广告目标而采取的举措。

3. 竞争广告目标

竞争广告目标的目的在于提高广告产品的市场竞争能力。广告的诉求重点在于宣传本企业产品与竞争产品的差异，特别是突出本产品的优异之处，并努力转变消费者对竞争产品的偏好态度，促使广告受众转而购买和使用本企业的广告产品。中国台湾著名广告学家樊志育曾经打过一个生动的比喻："做广告，不要只把马儿牵到河边。"意思是说，做广告不能只把消费者指到商店就算了事，还要让消费者指名购买广告商品，这才达到了广告目的。如我国彩电市场上海信环保电视系列广告，就是海信公司针对其产品极具竞争力的低辐射特点，为达到竞争广告推出的。

4. 塑造形象目标

形象广告目标的目的在于争取社会公众对本企业或产品的正确全面的了解，提高企业整体知名度和美誉度，树立良好的企业形象。此类广告的诉求重点是有关企业整体形象的一切信息，如价值观念、经营方针、服务宗旨、管理水平等企业理念，员工素质、服务态度、社会活动等企业行为，企业名称、商标、商品品牌等企业视觉，以此来赢得社会各界的了解、好感、信赖和合作。

（三）按广告效果划分

按广告效果，广告目标可以分成广告促销效果目标和广告传播效果目标。

1. 广告促销目标

广告促销目标是指广告活动所要达到的促销指标。它主要指利润增长率、销售增长率、市场占有率等内容。

2. 广告传播目标

广告传播目标是指广告活动所要达到的心理指标。它包括对广告信息的视听率、读者率和注意、理解、记忆、反应等内容。

三、广告目标的重要性

1. 广告目标决定广告计划的发展

就一次广告运作中的广告计划而言，广告目标是其指导方针。广告运作的所有环节，都是围绕广告目标而进行的，不确定广告目标，广告运作就成为无的之矢，广告计划也就无法正确地制订。例如，要使用何种广告策略、选择何种媒介、SP 活动如何与广告运作配合、预算如何确定等等内容，都要依据明确的广告目标来发展和实施。

2. 广告目标为测定广告效果提供依据

对于广告策划者来说，需要某种方法或途径来了解广告运作实施后的效果，这就需要确定广告目标。根据事先拟定的广告目标，将最终效果与其比较，就可得知广告运作的效果如何，是否达到了原先的设想。否则，就无法了解广告的效果。这对广告运作来说是很危险的，因为那会导致策划者对广告运作失去控制。

3. 广告目标关系着广告运作的成本与效益

广告是一项经济行为，广告主的成本付出需要得到回报，并衡量其是否有价值。而考察广告运作的成本开支和效益情况，也只有通过制订广告目标才能准确地得知。广告目标可能设定了广告运作要达到的销售情况，最后检验广告开支是否值得，就看广告是否实现了预定的目标。

四、广告目标形成的步骤

(一)识别真假目标

1. 广告主提出广告目标，目标直接形成

2. 广告主提出待解决营销问题，进入问题诊断，有两大类

(1)常规营销问题(4P 方面)。

(2)特殊问题(如危机应对、竞争威胁、市场机会等)：

①危机事件：分析危机形成要素，找出主要症结。

②竞争威胁：研究竞争对手情况，分析广告主的优势与劣势。

③市场机会：针对特殊的时机、空间环境等，明确机会点在哪里。

(二)问题诊断

小案例：

常规营销问题：从产品、价格、通路、销售促进等方面与广告的关系进

行分析，找出解决方法，即 4C 取代 4P。

（1）产品因素与广告的结合："消费者 customer 至上"取代"产品 product 至上"。

（2）通路因素与广告的结合：方便 convenience 取代通路 place。

（3）定价因素与广告的结合：心理价格 cost 取代传统定价 price。

（4）销售促进因素与广告的结合：沟通 communication 取代硬性推销promotion。

"劲王枸杞汁"的营销诊断

图 1－3

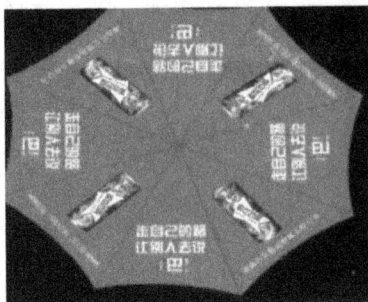

图 1－4

图 1－5

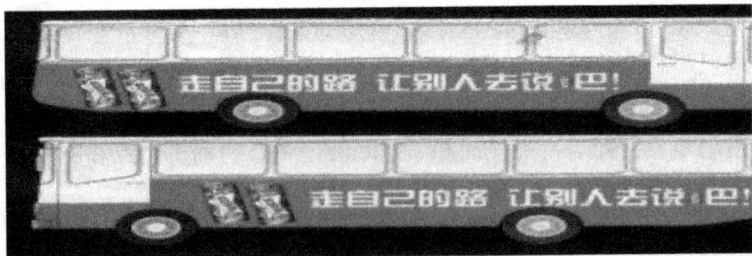

图 1－6

1998 年，湖南红豆食品有限公司生产新产品"劲王枸杞汁"，并计划展开营销推广。"劲王枸杞汁"是一种易拉罐包装的果汁型饮料。在湖南长沙、岳阳、常德、衡阳、怀化以及广西柳州、贵州贵阳等地销售（图 1 - 3 至图 1 - 6）。

枸杞，落叶灌木，夏天开淡紫色花，果实红色，叫枸杞子，可入药。有保健功能。一般中老年人会购买枸杞泡酒、炖汤、煮茶喝。

问题：这种饮料的目标消费者是哪群人？

答案：无法准确地锁定目标消费者。可以断定产品本身有问题，必须进行重新设计。

叶茂中的解决方法为：重新设计一种适合青少年口味的饮料。从口味、包装、概念、价位、广告、促销、理货、布点等各方面进行调查和推敲。

具体操作方法：

（1）产品：根据重新锁定的目标消费群——青少年，生产适合他们口味的"劲王野战饮料"。

（2）价格：根据消费者的心理价位定价，在往内决定毛利，核算、压缩成本。

（3）通路：经销商、零售店等各个通路环节上，张贴海报。

（4）销售促进：派出专业培训师对红豆公司全体销售人员与中高层领导进行了为期一周的密集培训。

由此进行的广告传播策划：针对青少年个性的叛逆和喜欢前卫独特的心理，制订广告口号：走自己的路，让别人去说吧。进行媒体广告和在售点张贴海报。

【案例分析】

（1）产品因素与广告的结合：产品如果不适合消费者，可以考虑：①设计新的产品；②产品暂时不变，产品包装、概念、形象改变。

（2）通路因素与广告的结合：通路要尽量遍布消费者可以到达的地方，并且要将广告与售点环境结合起来。

（3）定价因素与广告的结合：

①考虑消费者为了满足其需求愿意付出的成本—心理价格；

②重视消费者的"求廉、求质、求美"心理。

（4）销售促进因素与广告的结合：主要考虑人员销售、直接营销、促销、公关等与广告的配合。

（三）目标设定

（1）进行了营销诊断后，解决了营销问题，就可以进行具体的广告策划活动。

（2）对于常规营销问题下的目标设定。

（3）广告目标设定的层次结构即消费者反应的层级模式。

（4）广告目标设定的步骤：广告目标设定层级结构的理论根据：

①AIDA 模式（起源于 19 世纪末），最经典的一种，它由四个反应步骤组成：注意（attention）、兴趣（interest）、欲望（desire）、行动（action）。

（2）效果层次模式，社会心理学家 R.赖维奇和 G.史坦勒在 1961 年提出这一模式（亦称 L&S 模式）。它表示购买者经历了知晓→了解→喜欢→偏爱→信服→购买的阶段。

（3）DAGMAR（达格玛）模式，R.柯里在 1961 年的名著《为测量广告效果而确定广告目标》中提出：潜在顾客从品牌的未知（unawareness）、认知（awareness）、理解（comprehension）、确信（conviction）、行动（action）。

五、常见的目标

常见的目标有以下几种：

1.品牌知名目标

品牌知名，就是消费者知道该品牌，知道品牌所代表的产品类别，对它具有熟悉感。事实上，在一些情况下，品牌知名即可直接引发品牌行动。如低卷入的感性消费品：口香糖、香皂、啤酒等。这种目标可通过品名广告实现。

广告应以吸引注意、口碑传播为根本，故风格上做到震撼、好奇。

2.品牌认知目标

广告目标是让消费者进一步了解产品功能、特点或者了解品牌个性等，加强消费者的对品牌的认知。这种目标可通过标志广告实现。如：雪铁龙汽车的广告。

3.品牌忠诚目标

广告目标为让消费者达到信服品牌的程度，从而促使其对品牌保持忠诚的态度，并对品牌充满信心。这种目标可以通过标志广告来实现。

广告以培养好感、形象为核心，故风格上侧重感性、幽默等味道。如：奔驰车的广告。

4.行动目标

行动目标与促销活动相结合的广告目标。

5. 美誉度目标

常规广告活动与危机应对、竞争威胁等情况下均可使用。

六、目标表述

1. 广告目标表述方法

(1)限定时间。

写明在何时间内完成一定目标。例如：在 5 年间，使消费者对"衍年骨晶"的喜爱率由目前的 20% 提高到 50%。

(2)量化指标。

指明相关指标达到何种程度。例如，在 1 年内，将 3000 万有全自动洗衣机的家庭妇女中，了解 X 牌是一种低泡沫、强去污力洗涤剂的人数从 10% 提升到 40%。

(3)利于效果测定。

广告效果测定应根据广告目标来进行，要测定目标的实现程度、达到何种效果，并总结经验教训。例如，产品上市后的 6 个月内，让 80% 的消费者能认得该品牌。

2. 举例如下

例一：某户外俱乐部广告活动目标为：

(1)通过 3 个月的市场营销推广及广告促销活动，使俱乐部在细分市场占有率提高到 50%。

(2)俱乐部品牌知名度达到 80% 以上，形成一定的品牌知名度。

(3)会员发展规模达到 500 人。

例二：某食品行销公司的新产品冰冻薯条上市的广告目标为：

在××时间内，在炸薯条购买者中达到 80% 的知名度；在了解者中达到 70% 知道这是高品质的产品；在这些了解者中，达到 60% 的偏好度；在偏好者中再达到 45% 的人购买本产品。

第二节 广告目标分析

【案例导入 1 - 3】

蒙牛冠益乳广告目标的分析

蒙牛冠益乳是蒙牛乳业推出的一款新型酸奶。蒙牛冠益乳因含有 BB 冠菌而具有独特产品特性。BB冠菌源自130年菌种研发经验的科·汉森公司，活性强，对胃酸和胆汁有极强的耐受性，可以改善肠道健康，增强免疫力。冠益乳的两大功能获得了相关临床验证：每天至少摄入1杯100g冠益乳(相当于10亿cfuBB冠菌)，8天后受试人群的lg免疫球蛋白增加到原生量的2倍以上，14天后肠道内双歧杆菌增加到摄入前9倍(图1-7至图1-10)。

图1-7

图1-8

图1-9

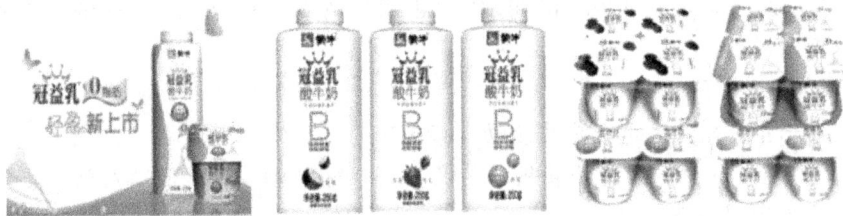
图1-10

在蒙牛冠益乳上市阶段，成都麦克斯韦广告有限公司拟定广告目标时经历了这样的分析过程：

(1)市场调查。通过市场调查发现，虽然中国人生活水平迅速提高，但人们肠道的健康状况却在下降。然而肠道是人们身体最大的免疫器官，也是对身体影响最重要器官。我国癌症的发病率已由20年前的第六位上升到现在的第三位。而且，中国的癌症发病率正呈现年轻化趋势。一份专家的专题报道指出，美国直肠癌的平均发病年龄为68.8岁，而中国人的平均发病年龄为48.3岁。

肠癌被称为"吃出来的癌症"，实际上只要对日常饮食生活习惯加以注意，有意识地关爱肠道健康，癌症发病率可以大大降低。酸奶作为有益于肠道的功能性产品，消费者对于其功能和功能原理了解不多，加之目前市场酸奶传播同质化，也导致消费者对于酸奶品类和功能认识模糊。如何有效地区隔竞争产品品牌，突出冠益乳的专业功效与品牌内涵，从而维护冠益乳中高端酸奶第一品牌的认知，成为目前蒙牛最重要的课题。

所以此次的策划方案不仅要加深观众对酸奶一般性调理效果的印象，同时还要着重强调产品是一款有着高活性益生菌，特别添加益生元，采用环保包装的具有健康功效的高端酸奶，首次使用全球支持文献最多的双歧杆菌，活菌数量超过国家关于酸奶中菌数规定的 10 倍。

（2）基于新产品上市，广告目标处于创牌阶段，应该重于开拓新市场。在广告活动中，要重宣传新产品的性能、特点和功效，以提高消费者对产品商标、厂牌的认识、理解、记忆程度，加深对产品的印象，从而提高产品的知名度。劝导广告受众产生尝试新产品的心理，并逐渐接受新产品。

（3）目标消费群体定位于都市群体中的白领女生。这一群人一方面享受都市时尚生活的斑斓色彩，另一方面又推崇自然和谐的健康轻松。精神生活同样渴望与众不同，既不同于小女生的天真烂漫，也不同于成熟女性的高贵典雅，她们有独特的人生观与爱情观，一方面十分自我，一方面又渴望呵护，开朗活泼，但又脆弱敏感。强势的广告传播往往收效甚微，唯有真正走进她们的精神世界，才能获得认可，成为她们生活的一部分。

（4）基于以上分析，针对目标人群的阅读习惯，除了传统公关应用的平面媒体及电视媒体外，加强网络传播包括论坛中的口碑传播，拍摄新媒体剧，通过视频网站及播客进行推广。2009 年蒙牛冠益乳推出了并以情感诉求点——给心情做 SPA 为命名的全新媒体剧《心情 SPA 第一季：女人的这点事》，把娱乐精神很好地融入了品牌传播，从而直达都市年轻女性白领的内心，推出 40 多天就达到了 2 300 多万的点击率。

【案例分析】

（1）蒙牛冠益乳广告目标的分析从市场调查开始。调查的结果显示人们对于酸奶品类和功能认识模糊。对于蒙牛而言这是良好的市场契机。

（2）蒙牛冠益乳作为价位比较高的高端酸奶产品，目标消费群体定位都市群体白领女性符合产品"养生元素"的品牌主张。广告除了人性化注入情感因素，也从科学角度出发，制订以功能诉求为出发点的"给肠道做 SPA"科普路线，侧重树立企业公益形象及建立冠益乳中高端酸奶第一品牌认知为主要任务。

（3）蒙牛冠益乳通过新媒体与传统媒体相结合的方式，形成了"点"的聚集与"面"的广泛传播。统一形象，统一步骤进行立体化的全方位操作，层层推进，形成集约化的信息轰炸效应，从而使年度活动更加丰满立体，顺利取得预期的传播效果与社会效应。

一、目标分析的含义

对已形成的目标进行系统的分析，具体包括市场调查、分析并得出结论。在此基础上对广告活动进行具体策划以实现目标。

二、目标分析的步骤

小案例：

白加黑——治疗感冒，黑白分明

一般而言，在同质化市场中，很难发掘出"独特的销售主张"（USP）。感冒药市场同类药品甚多，层出不穷，市场已呈高度同质化状态，而且无论中、西成药，都难于作出实质性的突破。康泰克、丽珠、三九等"大腕"凭借着强大的广告攻势，才各自占领一块地盘，而盖天力这家实力并不十分雄厚的药厂，竟在短短半年里就后来居上，关键在于其崭新的产品概念。

1995 年，"白加黑"上市仅 180 天销售额就突破 1.6 亿元，在拥挤的感冒药市场上分割了 15% 的份

图 1-11

额，登上了行业第二品牌的地位，在中国营销传播史上，堪称奇迹，这一现象被称为"白加黑"震撼，在营销界产生了强烈的冲击。

【案例分析】

（1）这是一个早期导入型广告，根据 EON 顾客群体分类模型和对感冒药市场的分析可知，这则广告的目标在于使顾客熟悉并懂得如何使用产品，进而达到从其他品牌吸引顾客和增加市场份额。

（2）它向广大的广告受众详细地介绍了白加黑区别于市场上的普通感冒药的用法，并确定了干脆简练的广告口号"治疗感冒，黑白分明"，所有的广告传播的核心信息是"白天服白片，不瞌睡；晚上服黑片，睡得香"。产品名称和广告信息都在清晰的传达产品概念。从而最终使得产品深入消费者的内

心，得到了消费者的认可。

（一）前期准备

（1）广告公司内部进行人员调配的准备。

（2）广告公司人员初步熟悉市场和广告主的基本情况。

（3）广告公司初步收集有关市场、产品和广告主的资料。

（4）广告公司内部成立广告策划小组。

（二）市场调查

1. 市场调查的步骤

（1）确定市场调查的目标、范围、对象、方法，拟定市场调查计划。

（2）拟定市场调查所需的问卷、访谈提纲，准备必要的辅助设备和人员。

（3）实施市场调查项目。

（4）市场调查的结果分析、整理。

（5）撰写市场调查与分析报告。

2. 资料获得的方法

（1）获得一手资料的方法：观察法、询问法、实验法等。

（2）二手资料收集和整理的一般方法：

①资料的来源：各种统计年鉴；经济类报纸杂志的有关文章；企业自身提供的资料；广告策划者自身的经验性认识，等等。

②资料收集和整理的方法：查阅各种资料，将有关的资料复印或剪贴，汇集成有针对性的资料集；按照资料的类型分门别类，将其中重要的内容勾画或者摘抄下来，以备参考或引用。

（三）营销分析

1. 营销分析的方法

这种方法主要采用 SWOT 分析法，即找出企业的优势、劣势、机会和威胁，并在目标分析的结论中表述出来。

（1）优势（strengths）：指企业内部的优势及其独特的竞争力。

（2）劣势（weaknesses）：指企业的弱点。

（3）机会（opportunities）：外部环境中，企业有怎样的机会。

（4）威胁（threats）：企业外部环境存在怎样的威胁。

2. 营销分析的内容

（1）营销环境分析。

①市场营销的宏观制约因素。具体为：宏观经济形势、市场的政治、法律背景、企业的文化背景等。

②产业的发展态势对企业营销的影响。如：产品所属产业的发展政策等。

③市场营销环境中的微观制约因素。包括：企业的自身目标和资源，企业的供应商与企业的关系，产品的营销中间商与企业的关系，顾客对企业和产品的态度及其实际的购买行为，竞争者的情况等。

④市场概况包括了以下几个方面：

a.市场的规模：整个市场的销售；市场可能容纳的最大销售额；消费者总量；消费者总的购买量；以上几个要素在过去一个时期中的变化；未来市场规模的变化趋势如何。

b.市场的构成：构成这一市场的主要品牌；各品牌所占据的市场份额；居于优势竞争地位的品牌是什么；与本品牌构成竞争的品牌是什么；未来市场构成的变化趋势如何。

c.市场构成的特性：市场有无季节性；有无暂时性；有无其他突出的特点。

（2）消费者分析。

①消费者的总体消费态势：

a.现有的与本产品有关的消费时尚；

b.消费者消费本产品所属的产品类型的特性。

②现有消费者分析包括：

a.现有消费群体的构成：现有消费者的总量、年龄、职业、收入、受教育程度、分布等。

b.现有消费者的消费行为：购买的动机、时间、频率、数量、地点。

c.现有消费者的态度：对本品牌的认知程度；对本品牌的偏好程度；对本品牌的指名购买程度；使用后的满足程度；本品牌未满足的需求；对本品牌最满意的地方；对本品牌最不满意的地方。

③潜在消费者包括了：

a.潜在消费者的特性：总量、年龄、职业、收入、受教育程度、分布。

b.潜在消费者现在的购买行为：现在购买哪些品牌的产品；对现在购买品牌的态度如何；有无新的购买计划；有无可能改变计划购买的品牌。

c.潜在消费者被本品牌吸引的可能性：潜在消费者对本品牌的态度如何；潜在消费者需求的满足程度如何。

（3）产品分析。

①产品特征分析。

产品的性能：性能、最突出的性能、最适合消费者需求的性能、哪些性能还不能满足消费者的需求。

产品的质量：质量(高、一般、低)，消费者评价和满意程度如何，质量能否继续保持、有无提高的可能。

产品的价格：价格居于何档次，价格与质量的配合程度如何，消费者的认识如何。

产品的材质：主要原料、有无特别之处，消费者认识如何。

生产工艺：生产工艺如何、有无特别之处，消费者是否喜欢此工艺。

产品的外观和包装：是否与价格、形象相称，有无欠缺，与同类产品相比是否醒目，是否具有吸引力，消费者评价如何。

②产品生命周期分析。产品处于的生命周期阶段(导入期、成长期、成熟期、衰退期)。

③产品的品牌形象分析

企业赋予产品的形象：有无考虑，形象如何，有无不合理之处，是否向消费者传达。

消费者对产品形象的认知：消费者认为形象如何，是否与企业设定的形象符合，消费者对形象的预期如何，消费者认知方面有无问题。

(4)竞争状况分析。

①企业在市场中的不同角色(按市场占有率、对整个市场的影响力、对同类企业的影响力的不同划分)：市场领导者、市场挑战者、市场追随者、市场拾遗补缺者。

②企业竞争者的四个层次：以相似的价格向相同的顾客提供类似产品的企业；制造相同或者相似的产品的企业；所有提供替代产品的企业；为争取同一笔消费基金而进行竞争的企业。

③竞争者分析的要点：

企业在竞争中的地位(支配的、强大的、有利的、守得住的、弱小的、不能存在和发展的竞争地位)：企业现在的经营状况如何，有利条件多少，现有的市场地位是否稳固。

企业在市场上的角色：成为哪一种角色最有益处。

判定企业的竞争者：有无竞争对手，是谁。

对企业的竞争对手的分析：竞争者的营销目标如何？企业与竞争者相比的优、劣势？竞争者对本企业发起的竞争可能采取什么样的反应模式。

(5)企业与竞争对手的广告分析。

①广告运动(活动)的概况：时间、目的、费用、主要内容。

②广告的目标市场。

③产品定位。

④广告诉求。

⑤广告表现。

⑥广告媒介。

⑦广告效果。

(四)形成结论

1. 营销环境分析的总结

总结机会点、威胁点是什么。

2. 消费者分析的总结

(1)现有消费者的主要问题点：构成上的问题，消费能力上的问题，对产品的无明显的不满。

(2)现有消费者的主要机会点：对本产品的偏好、购买频率提高的可能、购买量扩大的可能、影响他人的可能。

(3)潜在消费者的机会点：对其他品牌的不满、对本产品的态度、未满足的需求。

3. 产品分析的总结

总结产品特性上的优、劣势等。

4. 竞争状况分析的总结

企业在竞争中面临的机会与威胁，与竞争对手相比的优、劣势等。

5. 企业与竞争对手广告的分析总结

企业与竞争对手在广告方面各自的优、劣势；企业以往广告中应该继续保持的内容，企业以往广告中突出的劣势。

第三节　演示具体案例，进行目标分析

一、戴比尔斯——钻石恒久远，一颗永流传广告分析

"我会希望爱我的人送我一颗明亮的小钻石。明亮坚硬的小石头，等到老去的时候用来温暖自己的心。虽然诺言和爱也许已经一去不复返……可是依然能带来安慰。"

——安妮宝贝《戒指》

"钻石恒久远，一颗永流传"作为 20 世纪最为经典的广告语，响彻全球，彻底改变了人们对于钻戒甚至婚姻、爱情的理解，这句广告词已经成为了珠宝钻戒行业的代名词，所传达的钻石文化理念至今仍慢慢渗透在每对即将步入婚姻殿堂的新人们的脑海中，以至于在中国戴比尔斯公司以此作为商标的行为一度遭到国内珠宝公司的联合上诉，由此可以对这则广告的影响力窥测一斑。

"A diamond is for ever"（钻石恒久远　一颗永流传）这句 20 世纪堪称经典的广告语是著名的智威汤逊芝加哥公司于 1940 年为重塑戴比尔斯公司形象创作的。它跨越了一个世纪，打动了无数沉溺在爱河中的情侣，并让他们更加期待

图 1-12

爱情的永恒，同时被钻石这一稀有、珍贵的"宝石之王"所深深地吸引。

1990 年是中国钻石发展史上不平凡的一年，这一年"钻石恒久远，一颗永流传"这句经典的广告语成功进入中国，并历经超过十年的时间使中国消费者开始广泛接受钻石文化。而在这之前中国对钻石的了解可谓知之甚少，钻石行业发展并不成熟，钻石文化理念更是无从谈起。而自 1990 年 8 月国际钻石推广中心在中国推广钻石文化以来，中国钻石文化发展局面被瞬间激活，一个新的世界钻石文化市场从此建立起来。

如今的中国钻石消费已经超越日本，成为仅次于美国的全球第二大钻石消费国，据国际钻石行业专家预测，至 2020 年中国将替代美国成为世界第一大钻石消费大国。而这一切不能不说与"钻石恒久远，一颗永流传"这句广告语在中国的推广有着密切的关联。

【案例分析】

（1）这则广告针对中国市场而言可以在一定程度上说是导入期的广告，它的目标是为了在中国市场上进一步打开中国市场，扩大市场份额，从其他产品处吸引顾客。在钻石进入中国市场之前，中国人的婚嫁一直并秉承佩戴黄金、翡翠的传统习俗。

（2）戴比尔斯利用其强大的企业实力，通过一系列的广告地毯式扫荡，

在广告受众的心智中占领了一定的地位。而如今戴比尔斯的广告策略使得钻戒将黄金、翡翠取而代之，一枚钻戒成为承载两人爱情最美好的物件。

（3）为什么女人喜欢钻石，这里面包含了两层含义。第一是红颜易老，钻石恒久不变表征了女人对不老的渴望。第二是男人心易变，钻石的恒久不变象征了男人在那一刻对女人的爱恒久不变。当女人年华消逝，手上捧着年轻时男人送的那颗火钻，会是怎么样的一种感受呢？也许作为女孩现在的我们没有拥有过一颗钻石，可是谁又不想呢？

（4）通过以上对于目标市场和中国市场容量和环境的分析，世界上最大的钻石运营机构——戴比尔斯根据中国的国情大力推广结婚钻戒，其广告创作也多以美好的爱情婚姻为主题。

（5）这种以爱情、婚姻为主题表现的钻石广告多酝酿着如梦如幻般的美好气氛，以产品象征爱情的美好和承诺、婚姻的永恒和美满，并用最美丽的概念符码来展现女性心中关于爱情婚姻的美好想象——两小无猜、情投意合、幸福美满、白头偕老……并将这些符码组接成短小的故事，在特定的意境下拼接成一幅幅美好的画面，来满足或诱发女人的想象，并使产品作为想象中起关键作用的定情信物或爱情见证而存在。

（6）这种广告策略的设计主要是先打动女人，然后再通过已经为产品动心的女人去说服男人购买。因此，男人只是匆匆扫一眼这些艺术作品，根本不注意旁边附上的优美的文字。但毫无疑问，女性会认真仔细地阅读，并被广告所描绘的甜蜜场景所打动。

二、百年润发洗发露广告分析

图 1－13

　　"如果说人生的离合是一场戏，那么百年的缘分更是早有安排。青丝秀发，缘系百年。"这不仅是"百发润发"的一句广告语更是一种意境、一种美好情感的凝聚。是呵护百年，温情中展示着要树百年品牌的决心。它不仅道尽了人们对美好事物的向往，更是将意境与情感、商业与文化、品牌与明星完美的融合。

　　在洗发水市场上我们可以看到存在很多的营销概念：去屑、柔顺、防脱等，商品品牌更是令人眼花缭乱：清扬、飘柔、海飞丝等，要想在这个宝洁、联合利华两强相争的市场上分一杯羹实属不易，但"百年润发"独辟蹊径，寻找到一块属于自己的新大陆，而且是比对手更精彩、更长远的制高点——"植物一派"。

　　所以百年润发的立足点比对手更高远，它不光立足于现在，更放眼于未来；"植物"又是竞争品牌的弱点、诉求上的空白点，挖掘到别人没有开采的"金矿"，而且含天然植物、中草药成分正是奥妮的最大特色，这本身就很精彩；加之百年润发在广告中演绎的一场柔情、浪漫，在品味上当然要比吵吵嚷嚷的裸露叫卖要卖得高雅(图 1 - 13)。

【案例分析】

　　(1)这则广告的广告目标在于传达品牌属性及其产品特点。百年润发的广告案例在京剧的音乐背景下，周润发百年润发广告篇给观众讲述了一个青梅竹马、白头偕老的爱情故事：男女主人公从相识、相恋、分别和结合都借助于周润发丰富的面部表情表现了出来：爱慕状、微笑状、焦灼状、欣喜状。而白头偕老的情愫是借助于男主人公周润发一往情深地给"发妻"洗头浇水的镜头表现出来的。

　　基于对中国传统文化的理解，百年润发在洋品牌统治的铁桶江山中找到了一个缝隙，从古至今，5000 年的中国文化一直推崇的都是白头偕老、忠贞不渝。百年润发正是利用这一市场空隙，推出了以京剧、二胡等典型中国传统作为背景，唤起了国人对于该品牌的好感，突出文化气质，赋予产品以丰富的联想，更增强了广告作品的震撼力和感染力。巧妙地借用"百年"，洗发的浓浓深情，"青丝秀发，缘系百年"的美好境界，足以给人强烈的震撼。

　　(2)这是一则情感诉求的广告，百年，时间概念，将品牌悠远的历史表露无疑，增加了品牌的时间厚重感；润发，则将品牌的产品属性以及品类特点很好地体现出来，一语中的。百年润发联合在一起，品牌名传递的品牌信息准确而生动。后来使用从未给内地产品代言的周润发来充当形象代言人更是点睛之笔。

三、七杯茶广告分析

武汉七杯茶餐饮管理有限公司成立于 2007 年 5 月，其品牌——七杯茶。"七(qi)"取湘鄂地区口语中"恰(qia)"的谐音，故"七杯茶"亦意为"喝杯茶"。"七杯茶"隶属于武汉永盛食品有限公司，永盛食品有限公司于 2001 年在湖北武汉成立，是一家拥有原材料加工生产、批发销售的中型企业。至今，七杯茶在全国已形成了 700 多家加盟店，在湖南、湖北、四川、陕西、重庆、云南、江西、安徽、河南、江苏、浙江省设置有代理商，并在区域内取得相对的成功。武汉七杯茶餐饮管理有限公司主要从事特色奶茶产品开发、企业管理、品牌推广的餐饮连锁企业，在国内市场上创造了一个很好的品牌形象(见图 1 - 14 和图 1 - 15)。

图 1 - 14

图 1 - 15

广告目标：

(1)传达品牌内涵和价值观，提高品牌知名度和影响力。

(2)促进七杯茶销售业绩的增长，吸引更多的加盟商，提高品牌价值。

(3)通过广告带给目标消费群体对七杯茶的新的认知，激起消费者的购买欲望。

(4)提高老顾客对七杯茶的品牌忠诚度，扩大目标市场占有率。

【案例分析】

(1)七杯茶奶茶的目标人群主要为普通的消费群体尤其是年轻的一代

（15～35 岁）。由于普通消费者占总消费群体的 80% 左右而年轻人又是奶茶、咖啡、茶包等快速饮料的主要消费人群。所以七杯茶以年轻人（15～35 岁）为重度消费者。

（2）黄色被咬的苹果图标和绿色字体向世界传递它的宗旨——光明活力和自然美好的乐趣，一方面体现了其年轻性，而另一方面又能表现出其能使消费者拥有愉悦的心情。消费者的自我概念或自我形象一致是影响购买动机的重要因素，自我形象与产品形象一致构成了消费者消费的第一动机。因此主要从这两方面去分析七杯茶奶茶的消费群体的心理动向从而更恰当地宣传产品以达到相应的效果。七杯茶是属于自己的味道。七杯茶广告从一群年轻人平常的自由活动时间中来表达"七杯茶缤纷多彩的味道，属于我的味道"的理念。而在广告中七杯茶奶茶能够体现以下几点思想：

①心旷神怡。在高压的社会环境下或者各种的私人原因所造成的情绪下白领人士顶着压力在工作而七杯茶奶茶能够让人迅速地心情愉悦，把烦恼与忧愁通通赶走随即而来的是动力。从而使他们更加全身心地投入繁忙的工作中快乐地过着每一天。

②青春活力。奶茶是普通消费者都能消费得起的产品，也是生活中寻常可见的产品。恋人朋友的相处中是很好的饮品。恋人之间知道彼此喜欢的味道，为你买一杯属于你的味道的奶茶，分享甜蜜的味道。朋友之间互相鼓励，给你一杯你喜欢的。

【讨论题】

1. 关于广告是如何影响广告对象的问题，很多人进行过研究，比较有影响的有：科利的广告传播四个阶段理论（知名、了解、信服、行动），莱维和斯坦纳从知名到行动发展模式，沃恩的层级模式。其中，科利提出并由他人不断丰富的"达尔玛法"，为根据广告对象制订广告目标提供了一个科学合理的思路。那么，你是如何理解的呢？说说自己的看法。

2. 什么是广告目标？广告目标与营销目标有何关系？

3. 结合例子谈一谈对广告目标分析的理解。

【实训题】

表1-1　实训一

实训名称	分析小米手机品牌推广分几个阶段，每个阶段的广告目标
实训目的	通过实训使学生能够正确制订广告目标，并进行广告目标表述
实训内容	根据背景资料，分析品牌推广重点，按照广告目标运作步骤，制订广告目标并进行广告目标表述
实训要求	1. 以小组为单位完成 2. 分工协作，任务明确 3. 根据品牌推广的不同阶段，形成对应的广告目标表述 4. 广告目标表述分别运用限定时间、量化指标、利于效果测定这三种方法 5. 课上研讨，课后完成表述，用时8课时
实训步骤	1. 认真分析所给背景资料 2. 收集更多的信息，以备使用 3. 分析品牌推广的几个阶段 4. 按照广告目标步骤，逐个要素进行分析决策 5. 小组研讨，各成员发表个人看法，形成不同意见 6. 确定最终广告目标表述，阐述决策过程
实训体会	

【背景资料】

小米手机是小米公司(全称北京小米科技有限责任公司)研发的一款高性能发烧级智能手机。小米手机的设计理念是"为发烧而生"，即专为发烧友级手机控打造，将全球最顶尖的移动终端技术与元器件运用到每款新品。是中国首款双核、高性能高品质智能机。

手机操作系统采用了小米自主研发的 MIUI 操作系统，1.5AGHZ 双核处理器，号称全球最快。内存方面是 1GB RAM 和 4GB ROM，完全满足应用的需求。手机于 2011 年 11 月份正式上市。

小米手机采用线上销售模式——网上直销。其宣传模式也重要集中在网络上，如网络视频、社区及论坛、微博、网站广告和微电影 (图 1 - 17 至图 1 - 21)。

图 1－17

图 1－18

图 1－19

图 1－20

图 1－21

表 1－2　实训二

实训名称	分析 2009 年中央电视台一套发布的"洋河蓝色经典电视广告"的广告目标
实训目的	通过实训使学生能够掌握广告目标分析的步骤,正确分析广告对象,准确把握广告目标,熟练运用广告目标分析
实训内容	根据背景资料,分析广告目标,按照广告目标分析步骤,完成市场情况分析、竞争对手分析、目标消费者分析三项任务
实训要求	1.以个人为单位完成 2.按照广告目标分析步骤完成任务 3.形成广告目标分析报告,字数不少于 1000 字 4.广告目标分析报告内容包括:市场情况分析、竞争对手分析、目标消费者分析 5.课后完成分析报告,用时 6 课时

续上表

实训步骤	1.认真分析所给背景资料 2.收集更多的信息，以备使用 3.分析广告目标 4.按照广告目标分析步骤，逐个要素进行分析决策。
实训体会	

【背景资料】：洋河蓝色经典广告作品介绍

广告主：洋河酒厂

发布时间：2009 年

实施范围：全国

核心策略：重塑品牌，促进销售

发布媒介：中央电视台一套

企业简介：江苏洋河酒厂位于苏北古镇——洋河，地处江苏省宿迁市的宿城、宿豫、泗洪三县区交汇处，面临徐淮公路，背靠京杭运河，交通畅达，酒业兴旺，市场繁荣。据传，洋河大曲在唐代就已享盛名，尚可考证的历史已有四百多年，明末清初已闻名遐迩。近年来，洋河全力打造"绵柔型"白酒经典之作——洋河蓝色经典，面市几年来销售增长迅猛，"蓝色魅力"已征服了越来越多的白酒消费者，并已成为竞争激烈的白酒市场中颇受关注的成功营销范例（见图 1-22 和图 1-23）。

图 1-22

图 1-23

第二章　广告预算运作

【广告预算运作流程图】

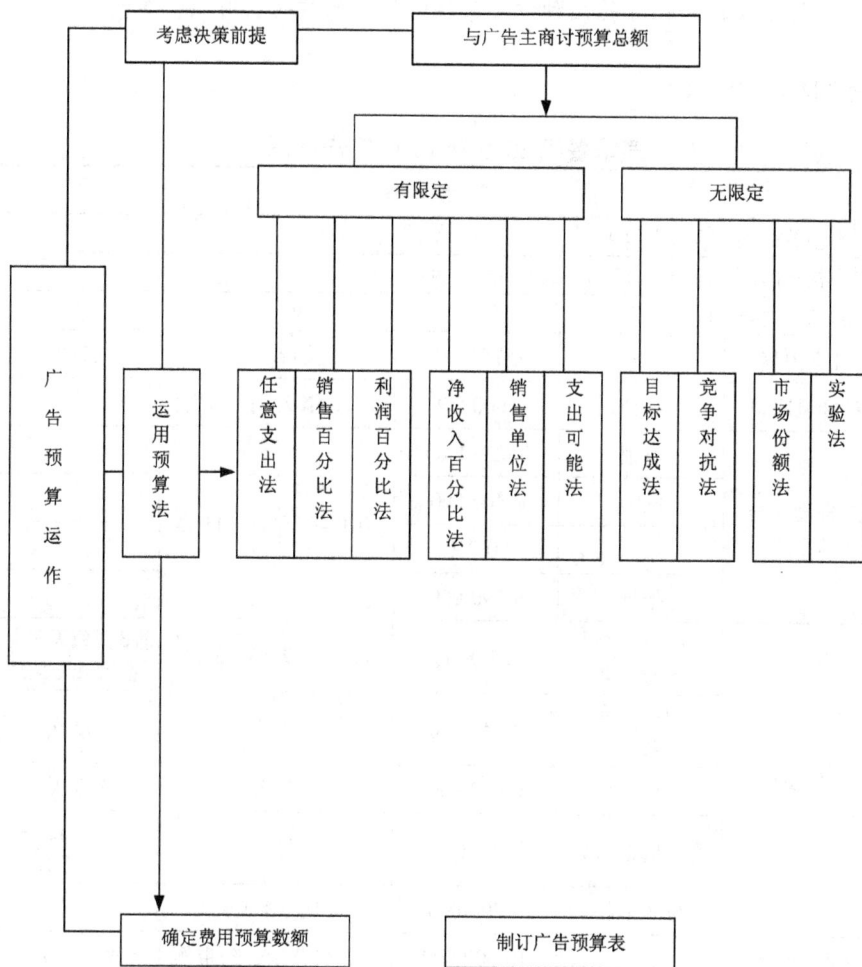

```
           ┌──────────────┐         ┌──────────────────────┐
   ┌───────│  考虑决策前提 │─────────│  与广告主商讨预算总额  │
   │       └──────┬───────┘         └───────────┬──────────┘
   │              │                             │
   │              │              ┌──────────────┴──────────────┐
   │              │          ┌───┴────┐                  ┌──────┴──┐
   │              │          │  有限定 │                  │  无限定 │
   │              │          └────────┘                  └─────────┘
 ┌─┴─┐       ┌────┴───┐   任 销 利  净  销 支   目 竞    市  实
 │广 │       │ 运用    │   意 售 润  收  售 出   标 争    场  验
 │告 │       │ 预算法  │   支 百 百  入  单 可   达 对    份  法
 │预 │──────▶│         │   出 分 分  百  位 能   成 抗    额
 │算 │       └────┬───┘   法 比 比  分  法 法   法 法    法
 │运 │            │        法 法  比
 │作 │            │             法
 └─┬─┘            │
   │              │
   │       ┌──────┴───────┐         ┌──────────────────┐
   └───────│ 确定费用预算数额│         │  制订广告预算表   │
           └──────────────┘         └──────────────────┘
```

【学习目标】

1.理解广告预算的基本概念。

2.掌握广告费用的内容、广告费用预算的项目分配，了解广告预算的影响因素。

3.学会运用适当的预算方法进行实战分析、分析广告预算的影响因素。

4.掌握广告预算的几种方法及编制简单的广告预算书。

【案例导入 2 - 1】

某早餐奶 2010 年 12 月广告预算书

广告预算书

广告预算时间：2010 年 9 月

广告执行时间：2010 年 12 月—2011 年 12 月

广告预算总额：1.2 亿元

开支内容	形式	费用（元）	执行时间	备注
市场调研费	委托公司	1 000 000	2010 年 9 月—10 月	
广告设计与制作费	电视	3 651 5000	2010 年 10 月—11 月	
	网络	6 400 000		
	杂志	50 000		
	报纸	9 790 000		
媒体费用	中央一套 15 秒广告	32 175 000	11:55;19:55;22:30	前 3 月每天 3 次，以后每天 1 次
	中央二套 15 秒广告	4 340 000	A 时段	200 次
	腾讯网络	6 400 000	首页	100 天
	《家庭杂志》	50 000	封三	1 月 6 日—2 月 6 日
	扬子晚报	9 790 000	周末整版	50 次
管理费用		10 000 000	2 名营销经理带领 4 名执行人员	
其他		1 000 000	日常开支等	
总计		117 510 000		

【案例分析】

该早餐奶的广告预算书主要介绍了广告的市场调查、设计与制作，以及媒体的主要费用分配，同时也对广告执行时涉及的其他费用进行了考虑，例如考虑了执行时期所需的人员管理费用，这也是不能忽视的一笔重要费用。在做广告预算书时要尽量考虑充分，把广告费用支出的项目列举详细，对于变动的广告费用应留出适量资金，随着媒体的变动、增幅而做的相应调整，以免出现执行阶段广告费用不足的情况。

广告预算是广告策划得以实施的根本保障。只有在一定资本支持的基础上，所有的广告策划内容才能够得以实施和最终的实现。就其本身而言，广告预算是一项预测性与准确性相结合的过程：因为广告策划的运作是一项事前的活动，只有在广告发布之后，广告主才能够得到策划的结果。因此，广告预算也具有预测性，并伴随着风险性。在具体的运作过程中，就必然要求广告预算具有机动性和灵活性。广告策划的中心任务是以尽可能少的经费达到最佳的广告效果，广告预算的作用就在于使广告经费得到科学合理的使用。之所以这样说，是因为广告预算的理论是建立在微观经济学的边际效应的理论基础之上，广告活动产生的效益的模型符合边际效应的理论模型。不论怎样，广告预算都是广告策划系统中的一部分，应当与其他各环节相配合，来促成广告目标的达成。并且企业的广告推广与其市场营销之间有着直接的关系，广告预算也是推动企业市场营销成功的一个重要环节。广告预算是广告主根据广告计划对开展广告活动费用的预先测算，是广告主进行广告宣传活动投入资金的使用计划。它规定了广告计划期内开展广告活动所需的费用总额、使用范围、使用方法。广告预算是广告策划所有内容得以实施的关键，是一切广告活动得以顺利进行的保障。科学有效的广告预算方案，是提高广告活动水平和经济效益的重要途径，它能更准确地确定广告投入的成本，这对于企业整体营销战略有着十分重要的作用，使得企业广告预算投入的成本得以有效的利用。简而言之，广告预算就是使企业广告活动投入的资金产生效益最大化。

所谓广告预算，指在广告策划中根据广告运动(活动)的具体计划对广告运动(活动)所需的费用进行的预先的估算。

第一节　广告预算的内容

【案例导入 2 - 2】

某运动产品广告实施计划中的广告费用预算

一、广告实施计划

（一）时间：2005 年 6 月 1 日—2006 年 1 月 1 日

（二）媒体组合

以电视（CM）为主，网络、报刊、杂志为辅，街头广告次之。

（三）选用媒介

报纸：《人民日报》、《体坛周刊》，理由：报纸权威性，发行量大。

杂志：《当代体育》、《体育画报》、《NBA 时空》。主要安排封二，封三（专业杂志尽量争取封面封底）。电视台：中央一套、中央三套、中央五套等收视率高且覆盖面广的电视台；CF 广告主要安排在《新闻联播》、《体育新闻》、《同一首歌》等焦点节目前后的黄金时间播出。

网站：雅虎中国、搜狐、新浪、网易等浏览率较高的大网站（电子广告尽量争取做在网站的首页）

二、广告费用预算

（一）项目制作与媒介金额

总策划广告整体策划报告 80 000 元；

广告制作电视 25s 胶片 200 000 元；

报纸 1/4 版面 10 000 元；

杂志彩色插页 5 000 元；

因特网网站首页 50 000 元。

（二）广告发布费用

1. 电视

中央一套 60 天 ×2 次/天 ×5000 元 =600 000 元；

中央三套 60 天 ×2 次/天 ×5000 元 =600 000 元；

中央五套 60 天 ×2 次/天 ×4500 元 =540 000 元。

2. 报纸

《体坛周刊》6 次 ×40000 元 =240 000 元；

《人民日报》6 次 ×50000 元 =300 000 元。

3. 杂志

《当代体育》25 次 ×10000 元 =250 000 元;

《体育画报》25 次 ×10000 元 =250 000 元;

《NBA 时空》25 次 ×10000 元 =250 000 元。

4. 因特网

雅虎中国 60 天 ×5000 元 =300 000 元;

搜狐 60 天 ×5000 元 =300 000 元;

新浪 60 天 ×5000 元 =300 000 元;

网易 60 天 ×5000 元 =300 000 元。

(三)营销活动 500 000 元

(四)机动费用 100 000 元

(五)总计 4 175 000 元

【案例分析】

(1)广告预算是广告主根据广告计划对开展广告活动费用的预先测算,是广告主进行广告宣传活动投入资金的使用计划。它规定了广告计划期内开展广告活动所需的费用总额、使用范围、使用方法。

(2)任何一份广告预算计划的形成都是对以下七个方面因素综合考量之后的结果:广告目标、产品生命周期、竞争对手、销售情况、媒介情况、企业经营状况和经济状况。

一、广告预算的内容

美国的查尔斯·帕蒂(Charls Patti)和文森特·布拉斯科(Vincent Blasko)将广告费用分为白灰黑三种。

白表(WhiteList)的内容是在广告策划的广告预算环节中应当做的广告,它是关乎企业策划效果能否实现的重要环节,这也并不是说所有的内容都要在广告预算塔中体现出来,在广告活动当中都要执行,而是说这些内容将对广告活动的效果的实现起到积极的作用。

黑表(BlackList)的内容是在广告策划的广告预算环节中不应当做的广告,这一部分在广告策划的预算书中不应体现,因为执行这一部分的内容不但会对企业的财务产生极大的负担,而且对这一部分进行投入将不会收到应有的效果。从某种程度上来说对于企业是一种无谓的负担。

灰表(Grey List)的内容则介于两者之间。这一部分内容是根据具体情况而定的，不但要考虑到目标消费群体的具体情况，还要考虑到企业的自身力。因为从调查得到的情况可知，广告预算对这一部分的广告活动的内容的选入要根据具体的市场情况和竞争对手的状况，也许在某些情况下这些内容是可有可无的，而某些情况下是十分必要的，这一切的抉择都要靠广告策划人员对于目标市场的状况的把握。

在实际的操作中，我们一般按照操作流程规定了以下四方面的内容：

(1)广告调查费　包括市场调查费、购买信息及情报的费用。市场调查费还包括市场调查和消费者调查。这部分占广告预算的5%。

(2)广告制作费　包括文案设计，平面设计，摄影，摄像，刻版印刷等方面的费用。这部分占广告预算的10%。

(3)广告发布费　包括电视、报纸、杂志、广播、电影、网络、灯箱、路牌、车体、橱窗等方面的广告费。这部分占广告预算的80%。

(4)广告行政管理费　包括广告人员的工资、办公、出差等费用。这部分占广告预算的5%。

二、影响广告预算的因素

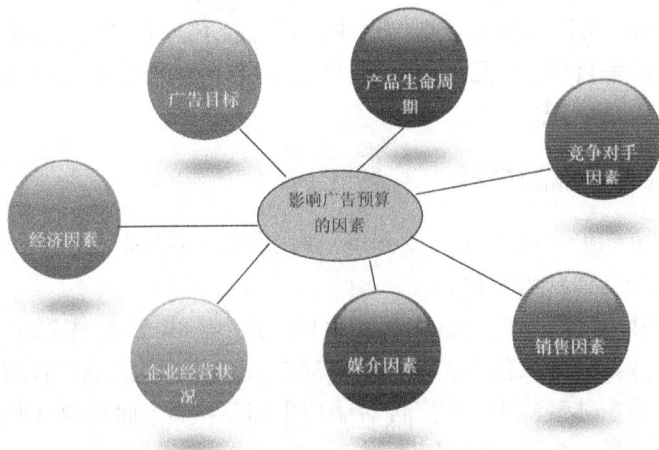

图 2-1

在制订广告预算的时候，除了要考虑广告预算的具体项目以外，还要考虑影响广告预算的因素，因为广告预算是与企业营销的状况，以及市场的变动情况有着紧密的联系,见图 2 - 1。

影响广告预算确立的因素有许多种,以下七种是对广告预算影响较大的因素。

（一）广告目标因素

广告目标,是一系列的广告活动所要达到的预期目标,是广告策划的出发点和终结点。广告策划的一系列环节都是围绕着广告目标展开的,广告目标是广告策划的灵魂,是广告策划活动进行的方向。

广告目标按照不同的内容分为很多种,例如:

（1）按照广告对象,广告目标划分为:市场目标和消费者目标。

所谓市场目标,就是指通过一系列的广告活动,企业想要达到的市场占有的份额。而消费者目标,是指企业通过广告想要使得多少消费者获知此产品或是品牌的存在,能够在这些已经获知的消费者群体中激起多大范围的购买欲望,并最终实现购买行为。

（2）按照广告内容,广告目标划分为:创立品牌目标、推广品牌目标、维持品牌目标,塑造形象的目标。

创立品牌目标,是要提高消费者对这一产品或是品牌的知名度、记忆度,通过广告的宣传来使得消费者对广告宣传的产品或是品牌的性能、特点、主要用途等内容有一个比较全面的了解。推广品牌目标是要使得市场中更多的消费者知晓本产品或本品牌,或是使得更广阔的市场的消费者知晓。维持品牌目标是企业为了确保本产品或本品牌已有的市场,在不断的广告的说服教育下,使得消费者形成对本产品或本品牌的消费偏好或是消费习惯。

（3）按照广告效果,广告目标划分为:广告销售目标和广告传播目标。

广告销售目标是指企业通过广告活动要达到的销售指标,包括利润增长率、市场占有率等内容。广告传播目标是指广告受众对广告信息的收听率、阅读率、收视率以及注意度、理解度、记忆度、反应度。

而涉及广告预算的广告目标通常是指广告战略目标。广告战略目标是指广告活动的总体要求,整个广告策划的总体任务。广告战略目标决定着广告活动的方向,这是它最重要的作用。

广告战略目标的确立就意味着一切广告活动都要向着这一方向前进,而真正的广告策划活动就要开始了。

由此,可以看出广告战略目标对广告预算的影响,广告预算是围绕广告战略目标展开的广告策划活动,是要达成这一目标而进行的先期活动。因此,广告战略目标正确与否对于广告预算的投资是否有效起着战略性的意义，广告战略目标准确与否对于广告预算的投资是否能够充分的起到作用起着战略性的意义。

然而设立的广告目标与实际上的企业状况现有的差距不同的话，广告活动所需要投入的经费就不尽相同。这是广告目标对于广告预算的影响。

(二)产品的生命周期因素

产品的生命周期因素：包括导入期、成长期、成熟期、衰退期。在不同的生命周期广告预算的费用应有所差别，在导入期、成长期的广告费用应高于成熟期和衰退期。衰退期的费用应是最小。

产品的导入期，是指一种全新类别的产品问世。也就是说这一时期市场当中的消费者，对这一类产品的性质没有任何了解，消费者还没有形成对这一类产品的系统的消费理念，因此对于这一时期介入市场的企业来说，应当清楚的是企业对于这一种产品的研发、生产尽管投入了很大的费用，但是这一种产品的消费概念，市场是全新的，应当一点点培育，因此市场营销成本极高，而利润则较低。

在产品的生命周期的这一阶段，市场当中的企业应当致力于先将市场炒热，首先让市场当中的消费者详细了解这一类产品具有的性能，对这一类产品有所认知，其次通过各种广告手段使得消费者接受这一类产品。

因此在这一时期，企业之间就应该协力共同向消费者推销这一类产品，将产品性质的概念以及这一类产品的消费的概念注入到消费者的脑海当中。应当注意的是这一时期的广告投入，从某种程度上来说是市场当中的企业向市场当中的消费者进行的消费理念的教育，因此这一时期的投资金额与所获得的利润之间的差额极小甚至有可能成为负值。

这也就表明在这一时期市场当中的企业之间，应当避免低级的同行竞争，在消费者心目当中的地位，导致消费者对于整个矿泉壶市场的质疑，以至于整个市场的萎缩，最终使得矿泉壶这一产品在市场当中从此销声匿迹。由此可见在这一时期的产品广告预算应当是在整个产品生命周期当中，主要的资金支出时期，该时期的广告预算特点在于广告资金支出较多，而其回报较少，应当将主要的回报期设在产品的成长期和成熟期。

产品的成长期，包括产品的上升期、成长前期、成长后期。

在产品的上升期，消费群体对此类市场的产品已有一定的理性认知，消费群体的某些基本需求已经被激发起来，此时企业的任务已经不是单纯的在满足消费者的基本需求的时期，而是同时也在有意识地树立自己的企业品牌，主要是品牌信誉方面。而此时的市场当中的同行业的较量才是真正开始的时候，但也要注意策略的调整和对于此类产品本身性能的保护，不要在与同行业竞争的时候忘记了维护整个市场的形象。这一时期的市场利润空间逐渐增加，产品的市场销售额对于产品广告的反应逐渐积极起来，产品导入期投入的广告与上升期发布的广告对于市场的刺激有所回报，广告效果逐渐明显。

在产品的成长前期，市场对于产品的认知度逐渐增强，市场的需求量急剧增加，因此此时的市场利润空间逐渐上升，同行业之间的竞争进入到激烈的阶段。在这一时期企业不仅要极力地开拓市场，而且还要有意识地树立自身的品牌形象，将自身与市场当中的其他品牌相区别，这样将自己定位于一个较为适宜的市场位置，通过一系列的广告达成这一目标，并通过广告和公关活动来提升品牌形象和市场地位。

在产品的成长后期，这是市场格局逐渐定型的时期，市场对于产品的需求逐渐稳定的时期，此时的市场竞争最为激烈，这一时期要树立自身品牌的个性以适应市场发展的需求。并且在这一时期要培养出一部分忠实消费者，使其接受本品牌的消费理念，养成对于本品牌的消费习惯。由于这一时期广告投入的主要目的是要进行品牌形象的树立，因此为了自身形象企业一般都会选择较为优质的媒体来传播自身的消费理念和企业自身品牌个性的信息，此时的广告资金投入较大。

在产品的成熟期，市场格局已经基本定型，市场对于产品的需求已经稳定，这一时期通过已经树立起的自身品牌的个性以适应市场的需求，从某种程度上来说，此时的企业广告在适应市场需求的同时也在引导着消费者的消费行为，这一时期的企业不但在不断地完善商品的性能，而且在广告宣传的过程当中有意识地宣传品牌自身独有的个性，以此来与同类产品相区分，通过差异来拉动市场的需求空间。这样使得这一时期的广告投入侧重于树立品牌差异性的方面，使得广告预算在这一时期要投入的资金相对于前期较少。

在产品的衰退期，这一时期的市场的需求量逐渐减少，整个市场的发展趋势是处于萎缩期，企业在这一时期不但要控制自身的产量，而且还要寻求开发新的类型的产品。因此，此时本产品的广告宣传力度应当减小，此时的广告应当主要起到提醒消费者的作用，不应当对于这一产品进行过多的广告投入。

（三）竞争对手因素

竞争对手因素，关系到企业的生死存亡，广告预算费用可根据竞争的激烈程度来增加或减少。尤其是在产品的成长期和成熟期，广告策略这一手段就显得尤为重要。

在市场当中，一个企业不但要关注消费者的需求变化，还要密切关注市场当中的竞争对手的情况。

一方面，一旦竞争对手采用较大的广告宣传形式，而企业自身却没有做出相应的反应，企业将淹没在对手的强大的广告攻势之下，从此在市场当中销声匿迹。另一方面，一旦竞争对手采用的广告宣传攻式是针对本企业进行的，那么企业应当做出相应的回应来应对这一攻势，否则将会损害企业的品牌形象和信誉。因此，由于竞争对手的市场竞争带来的压力，使得企业在广告预算当中有所反映，一些广告策划本身就是根据市场竞争做出的反应，那么广告预算就是根据这一现实情况进行的；而在多数情况，在制订广告预算的时候，广告策划人员应当考虑到广告进行的过程中由于竞争对手做出的反应而要进行相应的回应所需的费用。

（四）销售因素

销售因素，是指这一产品所处的市场的状况，如果所处的市场是一个朝阳产业，则产品的销售前景较好，那么需要投入的广告费用则偏高；反之如果市场是一个夕阳产业，则广告费用的投入则应降低。

1. 销售目标

同时销售因素还包括销售目标、销售对象、销售时间、销售范围。

对于销售目标来说，销售额制订得越高，所需的广告费用则越多；反之，越少。因为市场空间是一定的，在挖掘市场的同时，大多数的情况下是在与竞争对手的争夺，这样广告的投入就要与实际的情况相适应，广告预算额相应增加。

2. 销售对象

对于销售对象来说，是个体消费者还是团体消费者，以及与个体消费者有关的性别、年龄、学历、职业等因素对广告预算的制订也有很大的作用。

3. 销售时间

对于销售时间来说，一些商品是区分淡季和旺季的，在销售淡季，广告的投入应较少，应起到提示消费者的作用，并且在这一时期可以对广告策略进行调整，来逐渐地使消费者接受一个新的形象，以期在消费旺季进行大规模的投放。旺季时期则应加大广告投入，与竞争者争夺市场。

4. 销售范围

对于销售范围来说，本地与外地，国内与国外的销售范围的选择对广告预算的多少有着重大的影响。本地相对外地而言，首先比较了解市场的状况，对于市场的反应广告能够做出及时的调整；其次广告的制作与投放的效果监控的程度不同于在外地市场，对于广告与销售的相互之间的关系有着更加严密的关注，并能够做出更加及时的反应。

（五）媒介因素

广告媒介的费用是广告预算的主体，一般要占广告经费的80%左右。而一般声、光、电为一体的传播速度较快，覆盖面较广的媒介费用则较高，尤其是电视媒介。对于张贴广告、直邮广告、售点广告等，所需费用较低。

同时不同的媒介拥有不同的广告受众，发布之后可以收到不同的广告效果。就受众方面来说电视媒体一瞬间的覆盖面最为广阔，但是目前的网络媒体也是后起之势，并且不同的节目也有不同的受众群体的定位；另外广播媒体对于受众群体的文化水平的要求最低，报纸媒体主要的受众是男性以及受过一定教育的女性，而杂志媒体则主要是各类女性以及青少年群体，它的制作效果极其精美甚至有收藏价值。因此对于广告策划人员来说，要根据产品的特点针对不同的消费群体的媒体阅读习惯，来选择特点不同的媒体进行投放，这样由于不同媒体有着不同的投放价格，对于广告预算的影响就大不相同，这是在广告预算时应当考虑的问题。

（六）企业经营状况因素

如果企业发展顺利，资金周转快，利润较高，那么广告费用的支出则相对较为容易，广告预算的制作则有较为稳定的物质基础作保障。反之，则广告费用支出较少。

同时这还与企业的规模有关，大中型企业规模大，实力强，资金雄厚，能够支出的广告费用较多，这样广告投入较稳定，可以制订的广告预算的规模较大。

在制订广告预算的时候，不论企业处于什么样的情况下，都应当量力而行，不可以盲目追求大的投入，中国"标王"惨剧不应当再次上演。

还应注意的一点是，企业人员的素质也对广告预算有着重要的影响。广告预算是广告策划人员与企业的相关人员相互协商的产物，如果企业人员的素质较高，那么他们会清楚成功的广告会给企业带来怎样的良好效果，这样双方在认同广告的作用的情况下才能进一步的洽谈接下来进行的步骤，而且广告策划各个步骤的制订，策划人员都要获得企业方面的认可，有时还要接受企业方面的意见，这样如果企业方面的人员的素质较高，那么在双方进行协商时会有相互的启发，以促成广告目标进一步更好的实现。

（七）经济因素

经济因素包括国际国内的经济形势、经济政策、通货膨胀指数，等等。

广告投入要趋利避害,在经济环境有利的时候,要投入较多的广告经费抢占市场,反之,则应淡出。

另外,值得注意的一点是宏观调控的经济政策,因为政策是从一个更为广阔的视觉来审视这一行业的,做出这一决策会考虑到方方面面的利益,不只是局限于这一种市场,企业应当对发布的政策内容十分敏感,如果政策是有利于市场的进一步发展,那么企业就应当加大各方面的投入,加强广告宣传的攻势,树立品牌,抢占市场。反之,则应慎重,或是适时的退出市场,进行下一步的投资。

广告预算的确立是用经济学与广告策划的理论作为指导,但是面对复杂多变的市场时,如何进行决策则要根据客观的数据进行分析,掌握的数据越多了解的情况就越具体,并且在实践中我们还应该根据具体的情况进行操作方式的调整。

理论使得决策更加科学,实践使得决策更加完备。在理论与实践的结合下,进行的广告预算才是我们所追求的。

三、影响广告费用支出的因素

(1)广告目标决定广告经费。

(2)广告主财务负担能力制约广告经费。

第二节 制订广告预算的方法

【案例导入 2 - 3】

克利司多产品公司产品的广告预算

克利司多产品公司(Cristel Products)是美国一家主要的食品行销企业。1982 年 1 月,公司董事会聘任杜布斯为新产品"冰冻炸薯条"的品牌经理,负责产品行销推广。

冰冻洋薯产品,主要为炸薯条,由全美国 46.1% 的主妇所采购。此市场由一种品牌所控制,去年销售额占全国销售额的 55%。其余市场由 6 个小品牌以及各不同区域的配销商及店铺品牌所划分。

其一,克利司多决定进入这一市场基于下列考虑:

(1)克利司多有现成的洋薯来源。

（2）虽然仍要外请技术人员，但可以使用现有设备加工与包装炸薯条。

（3）公司急于扩充冰冻食品领域。

（4）尽管市场已由一个公司所控制，但克利司多感觉他们所建立的高品质的知名和声望，会给他们进入此市场一个很好的机会。

董事会为炸薯条产品的营销规划了3年的市场占有率目标，第1年6%，第2年10%，第3年增至12%；其3年销售额预测为：1.28亿，2.8亿，3.2亿。

其二，据此营销规划，杜布斯为克利司多的广告运动按次序建立了下列目标：

（1）在炸薯条购买者中形成80%的知名度。

（2）在那些知名者中，达成70%的人了解克利司多产品为一高品质炸薯条。

（3）在那些了解者中达到60%的偏好度。

（4）在那些已有偏好者中，达成45%的人信服克利司多炸薯条。

（5）在那些信服者中，达成40%的实际购买。

据此，杜布斯要确定3年的广告和推广预算。所需各种不同的成本要素见表2-1。

表2-1 不同成本要素

	第一年	第二年	第三年
（行业）市场销售单位（每包2磅装每箱30包）	46 108 000	47 952 320	49 390 889
市场占有率目标	6%	10%	12%
（公司）市场销售单位	2 766 480	4 795 232	5 926 907
中间商存货量	15 000	8 000	4 000
工厂发货量	2 766 480	4 795 232	5 926 907
每箱固定成本及变动成本第一年 $ 32 50第二年以后 $ 29 50	90 390 100	141 685 344	174 961 757
毛利	35 769 833	76 189 260	90 390 100
分销费用每单位	32 682 390	56 437 976	69 688 157
获利贡献	$ 3 087 443	$ 19 751 284	$ 24 376 028

同时，在建立各目标之外，还包括下列考虑(即第6、7、8、9、10条)。

(6)去年市场领导者在广告上估计已花费2 000万美元，并预期每年要以此数目的程度继续花费下去。

(7)克利司多的销售代表建议，在第1年中每箱要给零售商3元津贴，以确保其能给予新产品冰冻空间。

(8)本产品类别的特性是大量使用折价券。

(9)克利司多一向维持广告费的标准为销售金额2.5%。

(10)管理者虽然热衷产品成功，但并不热衷花费大量金钱于广告上。

根据上述所有的条件，得出以下问题的答案。

(1)用市场份额法，克利司多公司第1年至第3年的广告预算应是多少?

(2)若克利司多按销售百分率的2.5%计算，其第1年广告费应为多少?

(3)在所建议每箱给零售商3元津贴之外，在促销活动预算中可能还会包括哪些类型的成本费用?

(4)杜布斯在确定他的广告预算时，会怎样利用克利司多强有力的声誉?

一、销售百分比法

销售百分比法，是指在一定期限内企业的销售额的一部分，就是取销售额其中的一定比例作为广告活动费用，这一部分资金与总的企业销售额之间的比率，借此来预算广告活动费用的方法。

(1)执行方法：

这种方法是比率法的一种，根据企业目前和预测的销售总量，从中取出一定比例的金额，作为广告费用支出。一般根据以往的销售记录做出(过去销售百分比法)，有时也根据预测的销量决定(预期销售百分比法)。

(2)使用情况：广泛采用。

(3)优点：使用简单、计算省事、直接与销售挂钩，使广告的作用更为直接。

(4)不足：

①在理论上颠倒了广告和销售互动的因果关系，在实际应用中容易忽略营销环境的变化，导致广告费用支出的机械。

②由于销售额具有波动性，使得广告经费也具有不稳定性，出现这种情况将会影响广告投放的效果，也容易失去有利的广告机会。

③这种对于企业销售额的多少的判断的标准也不十分准确，仅从企业销售额的平均数就想得到较为客观的预期数据是不大可能的，这是一种不科学

的销售额的计算方法。在现实当中，人们往往要根据销售额的增幅来进行预测，并且还要综合其他因素，例如：产品性能的完善、竞争对手的市场策略的变化，目标消费群体的内部的变化等等，这样才能判断预期的企业销售额将是多少。

小案例：

销售额百分比法的销售额，既可以根据以往相同时间段的销售额的平均数，例如：2003 年第一季度企业的销售额是 300 万，2004 年第一季度企业的销售额是 350 万，2005 预计第一季度企业的销售额是 325 万；或者以往相等时间段的销售额的平均数，也可以对未来的销售额进行预测，例如：A 企业 2003 年 7 月介入市场，2003 年的销售额达到 500 万，2004 年上半年的销售额达到 700 万，2004 年下半年的销售额达到 750 万，预计 2005 年上半年的销售额达到 650 万。或是这两种方法综合使用，折中计算出平均数。例如：一个企业上半年销售额达到 500 万，下半年预计广告费占销售总额的 5%，那么下半年的广告预算费用是：广告预算费 =500 万 ×5% =25 万。

二、毛利百分比法

（1）执行方法：这种方法也是比率法的一种，即按照企业或者品牌的毛利的一定比例确定广告费用预算，也有过去和预期两种方法。

（2）使用情况：使用较为普遍。

（3）优点：容易计算、清楚明确。

（4）不足：容易忽视市场变化，导致广告费用预算确定的机械。

三、净收入百分比法

（1）执行方法：以净收入作为确定广告费用的基数，取出净收入的固定比例作为广告费用。

（2）使用情况：使用较多。

（3）优点：可以量入为出，企业风险较小。

（4）不足：容易忽视未来可能出现的市场变化。

四、销售单位法

销售单位法是将一定数量的广告费用分摊到单位商品当中去，成为产品成本的一部分。销售单位，是指商品销售数量的基本基建单位，例如：一个、一支、一瓶、一台、一架等。这就要求广告推销的对象本身具有商品销量大、资金周转快的特点，只有这样才能使得单位数量上的商品能够承担得起分摊在其上的广告费用。

(1)执行方法：基本思路与销售百分比法相近，即按照产品销售的单位规定若干广告费用，按照销售的单位产品的总量支出广告费。

(2)适用于：品种较少、单价昂贵的产品，如电视、汽车、明码标价的整箱饮料等等。

(3)优点：计算简单、有利于计算产品的销售成本、便于及时根据销量调整广告费用。

(4)不足：

①同销售百分比法一样，存在着颠倒广告与销售的因果关系、不容易适应市场变化的缺陷。

②这一方法风险较大，当市场的环境出现波动时，以及企业间的竞争相当激烈的时候，销售单位法就显得很死板，企业对于产品的经营不能够根据市场的变化而变化，而且对于广告活动经费的投入在这样的情况下有时是无法保证的，而广告活动也无法进一步做出反应。同时对于企业营销而言这种广告预算方法不具有市场开拓性。

小案例：

一辆东风货车，售价4.6万元，每销售一辆东风货车，其中就有500元广告费。预计企业年销售东风货车1万辆，则广告费用为多少？

五、广告目标达成法(目标与任务法)

广告目标达成法，始于20世纪60年代，由美国的罗斯·科利提出，是一种较为科学的广告预算方法。广告目标达成法，是根据广告目标来决定广告预算，将每一项预算都与其所完成的广告策划中设定的任务有关，这也是实现广告目标的必然要求。这一方法分为认知、知名、了解、确信、行动等几个阶段。首先，是界定任务，要以营销目标为基础，界定出广告要完成的目标及任务。比如：此广告的目的是要将消费者中认知人群的范围提高到30%，而广告的任务就是在该地区的电视媒体中持续播一个月的广告，并在当地电台平均每天播出3次。其次，是要确定成本。再次，要根据实现目标的方案的重要性来进行排序，逐项完成其内容。最后，将各项方案进行汇总，进行最后的总的预算。当结果超出能负担的金额时可由次要方案开始依次删除，删除时是要就上述排序逆向删除。

1. 销售目标法

这一方法的界定任务是产品的销售额或是产品的市场占有率。根据广告活动的范围、广告投入的时间、投放媒体的选择、播出的频次等因素，计算出广告预算的费用。并且经过局部试验的方式，可获得关于产品的市场占有率与投入的广告费用之间的关系。

2. 传播目标法

这一方法的界定任务是以传播过程的"知名—了解—确信—行为"这四个阶段作目标来具体确定广告预算，通过要达到不同程度的宣传效果来决定广告预算的多少。由于这一方法是将广告中的各种媒体策划，与产品的销售额和市场占有率相结合，因此更能反映出广告预算与广告效果之间的关系。并且通过确定传播目标的方法制订出来的广告预算执行之后，这一传播目标还可以作为广告效果测评的依据和标准之一。

3. 系统目标法

适用范围：新开发的产品。这一方法的界定任务是将广告预算置于一个更加广阔的环境中去，将广告预算与生产、销售等环节都归于广告预算的内容中，更加科学全面地考虑广告预算经费的决策，从企业整体的利益上考虑广告预算的多少。这一方法将广告预算统一于企业整体的营销目标之下，更具有系统性，使广告这一促销手段服从于广告策划的目的。对于新开发的产品更具有企业发展的整体性战略意义。

（1）执行方法：先树立一定的销售目标，然后决定为了达到这一目标所必需的广告活动及其规模和范围，据此做出充分的广告预算。

（2）使用情况：60 年代目标管理理论盛行时提出，目前在日本有一半的广告预算按照这种方法编制，在我国大陆这种方法也使用较多。

（3）优点：这种方法具有系统性和逻辑性、容易被广告主接受、按照这种方法可以保障广告费用既不会造成浪费，也不会出现不足。

（4）不足：这种方法以广告目标为前提，但是广告目标往往难以量化，因此很难提供准确的依据。而且由于广告在刊播时可能出现各种偶然的因素，对广告效果的预计很难准确。

六、竞争对抗法（竞争平位法）

竞争对抗法，是根据本企业竞争对手的广告费用而制订的广告预算方法。因为广告是促进企业产品销售的重要手段，是企业占据市场的重要方式，企业必须与竞争对手展开竞争，才能赢得更大市场占有率，使得企业自身在市场当中具有长盛不衰的生命力。运用竞争对抗法的关键，是要清楚地了解竞争对手的市场营销状况与对广告活动投放的费用，根据竞争对手的广告投放规模来决定自身的广告规模，并可以试图通过制订比竞争对手更高的广告预算费用来扩大市场。

1. 市场占有率法

计算公式：广告预算 =（对手广告费总额/对手市场占有率）×本企业预计市场占有率

例如，某企业的竞争对手在某地区市场占有率为10%，广告投入为200万元，该企业希望在该地区保持20%的市场占有率，则该企业的广告预算为：

$$广告费用 =（200/10\%）×20\% =400 万元$$

2. 增减百分法

计算公式：广告预算 =（1±竞争对手企业广告费增减率）×本企业上年广告费

例如，某企业竞争对手上一年度广告费用为200万元，今年计划投入300万元，较上一年度增加了50%，该企业上一年的广告投入为300万元，那么该企业今年的广告费用为：

$$广告费用 =（1+50\%）×300 =450 万元$$

（1）执行方法：研究竞争对手的广告费用支出情况后，再决定本企业广告费用支出的额度，以保持在竞争中的地位或者获得竞争优势。

（2）使用情况：运用这种方法必须有良好的财力和销售基础，因此适用于实力雄厚的大型企业。

（3）优点：有利于在短期内达到强有力的市场竞争地位。

（4）不足：

①带有很大的盲目性，容易导致浪费；

②注意了竞争对手的情况，却忽视实际的市场营销环境；

③确切了解竞争对手的广告费用支出有很大的困难。

七、任意支出法（武断法）

任意支出法（武断法），顾名思义，就是企业管理最高权力部门或是财务部门，经过经验判断来代替广告预算的制订过程，或者是由广告策划人员，根据以往的经验和自己对市场状况的简单了解，对将支出的广告预算作出的判断。

这种广告预算的方法，可以说是众多广告预算方法之中最简单的一种，没有烦琐的过程，最为直截了当。然而，这种广告预算的方法的选择，既没有顾虑到广告活动的真正想要达到的目的，也没有想清楚，通过广告活动真正想要得到的效果。并且这种投入方法，无法在事先做到进行广告活动时有步骤有计划。因此在实施的过程当中，应当达到广告效果怎样的程度没有相应的监控和广告效果测评。这种方法虽然极不科学，但是广告预算方法极为简便，就目前的国内市场来说，确实又是应用极为广泛的一种广告预算方法。选择这种广告预算方法的企业，一般是将广告费用的支出，作为一部分可支出的金额来进行划拨，其中并没有广告策划人员真正参与广告活动经费投入的决策。也就是说在企业的广告策划当中的广告预算这一部分的作用没有起到。广告预算在这样一种情况下是缺失的，其实所谓的经验支出法，并不是我们真正意义上的广告预算。

多数时候企业之所以采取经验支出法，是当一些企业处于某一个特别时刻的时候，例如：当企业进入到品牌危机的局面时，企业希望依靠在短时期对于此品牌进行大量的广告活动的投入，借以获得市场当中的消费者的再一次的关注和青睐，使得本企业的品牌生命得以进一步的延续；或者是另外一种情况，企业只有通过广告活动才能获得市场，因为当一种新的类型的商品进入市场时，市场当中的消费者对此种产品的性质一无所知，企业本身如果不对这一类产品的特性大加进行宣传，那么企业单凭产品本身的特点来吸引消费者是根本不可能的。"酒香不怕巷子深"的时代已经过去了，整个市场对这一类产品将毫无反应，现在的市场是一个极其广阔的范围，它包括了世界上任何一个地方，以及它能深入到的程度也达到了与人有关的任何事物。因此企业为达目的而不惜一切，尽管风险极大，但是仍然希望自己能够绝处逢生。

（1）执行方法：广告费用的决策人员凭借以往的经验，根据市场变化的主观判断决定广告费用预算。

（2）使用情况：在我国的企业中使用较普遍。

（3）优点：从实际出发，灵活主动，有时可以制订出有效的预算方法。

（4）不足：缺乏科学依据，往往因为主观判断的失误导致预算的不足或者浪费，广告预算的真正作用没有发挥出来。

八、支出可能法

（1）执行方法：企业在决定下一年度的预算时，统筹一下可以有多少资金作为广告费用。

（2）使用情况：在我国企业中使用较多。

（3）优点：符合量入为出的原则，不会给企业带来资金的风险。

（4）不足：缺乏科学的依据，制订出的广告费用预算很难适应实际的市场条件，并且很难确定花费是否有效。

九、市场份额法

（1）执行方法：广告主要保持现有的市场份额，所要支出的广告费在同行业广告费总量中所占的份额要高于现有的市场份额，如果要推出新产品，则广告费的份额要 2 倍于希望达到的市场份额。

（2）使用情况：这是尼尔森公司副总裁詹姆斯·佩卡姆在 20 世纪 60 年代提出的一种方法，又称"拇指法则"或"佩卡姆法则"。

（3）优点：这种方法清晰地说明了广告份额和市场份额的关系，可以促使广告主重视广告。

（4）不足：过分夸大了广告在市场营销组合中的作用，而忽视了营销组合的其他因素对市场占有率的影响。

十、实验法

（1）执行方法：在目标市场内针对特定的产品按照预定的规模、频率开展一段时间的广告运动，检验费用投入的效果以决定最终的预算。

（2）使用情况：因为执行比较困难，所以使用较少。

（3）优点：能获得广告费用预算是否可行的直接结果。

（4）不足：需要时间较长、实施烦琐、可能造成费用浪费。

第三节　广告预算要素决策的步骤

【案例导入 2 - 4】

"非常可乐"广告费用预算要素决策

非常可乐在当今竞争激烈的环境下在防守农村市场的同时需要有勇气和战略进攻城市市场，与可口、百事直面竞争是大势所趋也是有待解决的问题。非常可乐是中国民族品牌，其定位是有理性根据和文化内涵的，将这种定位进行内延和外扩，使其真正可以以感性的表达，理性的说服，使消费群体真正认识到产品的利益，而改变原存负面的影响。对非常可乐的目标群体进行了一步细分，将"进城"战略的目标群体定为青年群体，注重大学生市场的开拓，围绕目标群体的需求进行了行销和传播策略的设置。从传统文化中吸取精髓和得到熏陶，而传统优良的中国文化有这样的功能。

第一部分：

广告主为本次广告活动限定费用：广告费用总额＝（主要竞争对手广告费用额/主要竞争对手的市场占有率）×本企业的预期市场占有率

预计费用总额＝（32 000 000/40％）×20％＝16 000 000（元）

一、广告传播策略

"情感诉求"＋"非常"概念推广。以日常生活的生活情感作为沟通诉求的切入点和渠道，以感性的说服向目标受众传达产品概念和利益。

二、广告目标

通过广告展现非常可乐的重新定位，将产品的新概念和倡导的生活方式或观念植入消费者心智，真正打动消费者。在目标区域使广告的平均到达率达到60％，保持稳定的接触频度。

三、广告主题及表现

情感类主题，广告选裁于生活的平凡、细节的片断，分别涉及人生中的亲情、友情和爱情。选取贴近目标群体生活周遭的元素作为载体，适当采用幽默手法，保证以情动人，直击人们的心灵深处，留以联想、思索的空间。以系列广告为宜。

四、广告媒体选择

（一）媒体选择策略

大众媒体带动市场，扩大影响、分众媒体直达目标受众，高效命中目标。根据青年群体、大学生群体的行为特征和消费习惯以及自身产品类型、竞争对手的选择，我们选择以下媒体：

1.电视媒体；2.网络媒体；3.交通媒体；4.杂志媒体。

（二）媒介计划

1—2月

1.CCTV1《榜上有名》18：54播出5秒时长，为期半月。

2.CCTV1双月套装，总260次。

3.CCTV5《体坛快讯》12：00～12：15期间插播，为期半月。

4.新年促销活动。以大瓶装增饮等酬谢装形式、销售现场抽奖、传统文化娱乐形式的竞赛促销。

总结：

(1)突出品牌新意。

(2)带动市场、引导市场。

(3)抓住新年时期，为后续销售做好铺垫。

3—5 月

1.湖南卫视《娱乐无极限》插播 15 秒广告，为期 1 月。

2.江西卫视都市频道《都市现场》之后，20:17 时长 15 秒连播一个月。

3.湖北电视台体育频道《精编赛事》，19:25 时长 15 秒连播一个月。

4.新浪首页，对联式广告 200×300 pixels 隔周共 4 周。

5.QQ 娱乐，流媒体扩展区域上限 300×300，要求流媒体出现于通栏右下角处。播放时长：6 秒。

6.交通广告，在三个城市 为期 1 年，高校园区和城市主要干道线路。

7.《读者》月刊，中插 186×260 为期 1 年。

总结：

1.重点对目标区域的广告投放。

2.多种媒体组合全面渗入。

3.各种销售促进活动积极配合。

6—9 月

1.新浪体育通栏广告，播出 2 个月。

2.CCTV5 双月套，总 260 次。

3.商超销售活动：抓住该时期重大的体育赛事(世界杯足球赛等)考虑事件营销。

第二部分：预算方法：竞争对比法

第三部分：广告预算，见表 2-2。

表 2-2　广告预算

项目		费用
电视媒体	CCTV1	373 500
	CCTV5	440 000
	湖南卫视	750 000
	江西卫视都市频道	21 000
	湖北电视台体育频道	10 200

续上表

项目		费用
互联网	新浪	3 110 000
	QQ娱乐	240 000
杂志	《读者》	165 000
户外	车体及灯箱	1 500 000
广告制作费		450 000
其他促销活动费		5 800 000
合计		12 859 700

一、考虑决策前提

1. 广告主已经对费用进行限定

在此种情况下，要根据广告主所给费用权限、范围进行广告营销策划。

2. 广告主没有限定费用

在此种情况下，根据广告营销策划的具体情况，判断费用情况，并与广告主商讨，以最终确定广告预算。

二、运用预算方法

（1）广告主已经对费用进行限定的前提下，广告主通常使用销售百分比、利润百分比、净收入百分比、销售单位法、支出可能法、任意支出法等做出费用预算。

（2）广告主没有限定费用前提下，广告公司通常使用目标达成法、竞争对抗法、市场份额法、实验法等决策。需要掌握媒介、广告设计制作费等报价单。

三、确定费用预算数额

【讨论题】

1. 结合本章的内容，思考为什么企业所投放的广告费用总有一半是浪费掉的？

2. 什么是广告预算？对广告预算运作影响较大的因素有哪些？

3.制订广告预算的方法有哪几种？分别阐述这些方法的优点和不足。

【实训题】

表 2-3　实训一

实训名称	分析秦池为何昙花一现
实训目的	通过实训使学生能够正确通过正确的广告费用计算方法，判断何为科学合理的广告预算
实训内容	根据背景资料，分析秦池失败的原因，按照广告预算制订的步骤，分析和判断错误的广告预算做法
实训要求	1.以个人为单位完成 2.分工协作，任务明确 3.根据广告预算制订的方法，找到秦池昙花一现的原因 4.课上研讨并表述，用时 4 课时
实训步骤	1.认真分析所给背景资料 2.收集更多的信息，以备使用 3.分析广告预算费用的制订有哪些方法，秦池用的是哪一种方法 4.按照秦池使用的广告预算制订的方法计算 1996 年应该支出的广告费用数额，对比实际费用，差额多大？论证秦池为日后埋下隐患的原因
实训体会	

【背景资料】

秦池为何昙花一现

1995 年秦池厂长赴京参加中央电视台黄金时段广告"标王"竞标，以 6 666 万元人民币的价格夺得"标王"。

1996 年 11 月 8 日下午，秦池酒厂以 3.2 亿元人民币的"天价"，夺得中央电视台黄金时段广告"标王"。

巨大的广告投入确实给秦池酒厂带来了"惊天动地"的效益，1996 年秦池酒厂的销售收入达到 9.5 亿元。

秦池酒厂是山东省临朐县的一家县级企业，面对成为"标王"之后滚滚而来的订单，难以应付。

企业需要扩大生产规模，但这需要一定的时间周期。

燃眉之计：秦池与周边地区的白酒企业横向联合或收购其他企业的白酒

进行勾兑，降低了产品质量。

1996 年 12 月《××参考报》上刊登了 4 篇关于秦池酒厂沿川藏公路两侧收购散装酒勾兑"秦池"的报道。

1997 年市场风云突变，白酒生产企业大增，洋酒也悄然进入酒业市场。

表 2-4 实训二

实训名称	为农夫山泉东方树叶茶饮料做广告预算表
实训目的	通过实训使学生能够掌握广告预算制订的步骤，通过运用适当的广告预算方法，结合广告目标，制订科学合理的广告预算
实训内容	根据背景资料，分析广告目标，运用适当的广告预算方法，结合产品特点，完成制订广告预算这一任务
实训要求	1. 以小组为单位完成 2. 按照广告预算制订的步骤完成任务 3. 形成广告预算表，并由专人完成广告预算论证的口头表述 4. 广告预算表内容包括：广告预算时间、广告执行时间、广告预算总额和开支内容 5. 课上小组研讨，课后完成广告预算表，用时 8 课时
实训步骤	1. 认真分析所给背景资料 2. 收集更多的信息，以备使用 3. 选择适当的广告预算制订方法 4. 按照广告预算制订步骤，逐个要素进行分析决策
实训体会	

背景资料：

农夫山泉东方树叶茶饮料

1. 产品名称：农夫山泉东方树叶

2. 产品类别：茶汤饮料

3. 产品规格：480 mL 瓶装

4. 口味：乌龙茶、茉莉花茶、红茶、绿茶

5. 产品特征分析

(1) 农夫山泉的"东方树叶"系列茶饮料口味多，可以给消费者较大的选择空间。

(2) 强调"健康与纯正"，不含糖、零卡路里，受广大女性消费者喜爱。

(3)100%茶叶自然抽出，饱含纯正地道的中国茶风味，是对中国茶文化的传承。

(4)强调高品质，是一款定位高端的产品，价位相对较高。

(5)在广告和包装上面富有新意，有亮点，在同类产品中突出，见图2-2和图2-3。

图2-2

图2-3

第三章　SWOT 分析

【SWOT 分析流程图】

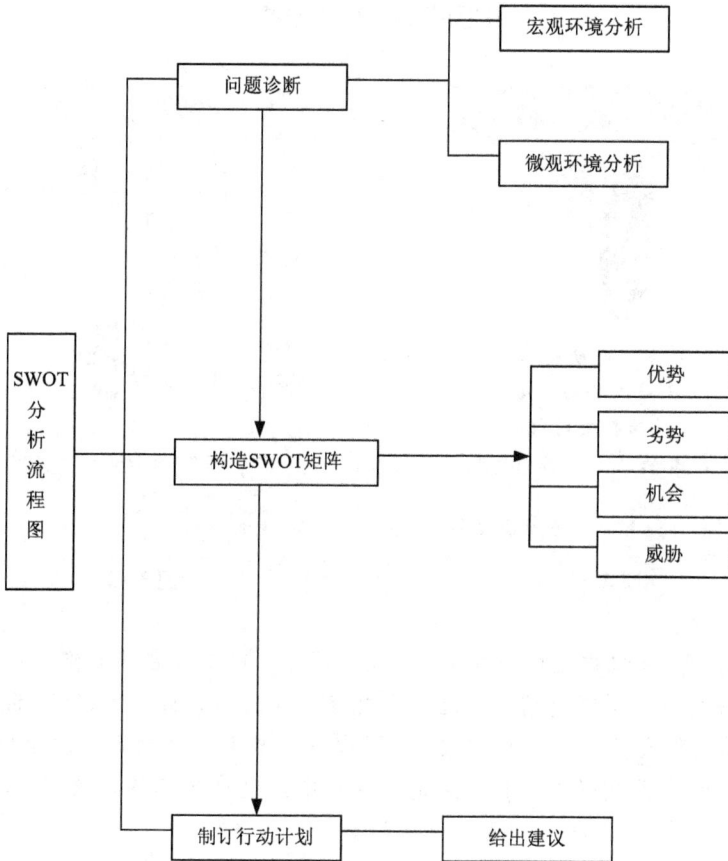

```
                          ┌─────────────┐
                          │  宏观环境分析  │
                          └─────────────┘
        ┌──────────┐
        │  问题诊断  │
        └──────────┘
                          ┌─────────────┐
                          │  微观环境分析  │
                          └─────────────┘

                                        ┌──────┐
                                        │ 优势  │
                                        └──────┘
┌────┐                                  ┌──────┐
│SWOT│     ┌──────────────┐            │ 劣势  │
│分析 │     │  构造SWOT矩阵  │            └──────┘
│流程 │     └──────────────┘            ┌──────┐
│图  │                                  │ 机会  │
└────┘                                  └──────┘
                                        ┌──────┐
                                        │ 威胁  │
                                        └──────┘

        ┌──────────────┐      ┌──────────────┐
        │  制订行动计划   │      │   给出建议     │
        └──────────────┘      └──────────────┘
```

【学习目标】
1. 掌握 SWOT 分析法的含义。
2. 会构建 SWOT 分析矩阵。
3. 能够完成广告运作中的 SWOT 分析过程。

【案例导入 3 – 1】

中国电信 SWOT 分析

图 3 – 1

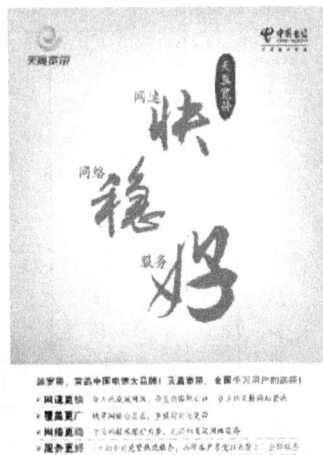

图 3 – 2

2001 年,中国电信的新闻热点、焦点不断。电信资费的调整、中国电信南北大分拆以及中国电信将面临入世挑战等让人们瞩目。在 2002 年到来之际,中国电信又将上演一场"与狼共舞"的惊险剧目。面对激烈的市场竞争,对中国电信进行 SWOT 分析,借此期望对中国电信未来的发展有一个清醒的、客观的认识(见图 3 – 1 和图 3 – 2)。

一、中国电信的优势(strength)和劣势(weakness)分析

自 20 世纪 80 年代中期起,中国电信经历了近 20 年的高速发展,已经形成了规模效益。尽管此间经历了邮电分营、政企分开、移动寻呼剥离、分拆重组等一系列的改革,但在中国的电信业市场上,中国电信仍具有较强的竞争和发展优势。主要表现在客户资源、网络基础设施、人才储备、服务质量等方面。

1.中国电信市场引入竞争机制后，中国电信与中国移动、中国联通、中国网通等运营商展开激烈竞争。

2.中国电信基础网络设施比较完善。改革开放 20 多年来，中国电信已建成了覆盖全国，以光缆为主、卫星和微波为辅的高速率、大容量、具有一定规模、技术先进的基础传输网、接入网、交换网、数据通信网和智能网等。

3.中国电信在发展过程培养和储备了一大批了解本地市场、熟悉通信设备的电信管理和技术的能力较高、结构合理的管理和专业人才。

4.中国电信日趋完善的服务质量。

虽然中国电信具有一定的发展优势，但我们应该辩证、地看待这些优势。业内人士认为，中国电信拥有资源优势，但却缺乏资源运作优势。一旦不慎，优势很可能就转变成劣势。目前，中国电信的劣势主要表现在以下几方面：

1.企业战略管理与发展的矛盾。一方面是企业决策层只重视当前战术和策略，忽视长远战略，湮没在日常经营性事物中，不能统观大局；另一方面企业缺乏应对复杂多变环境的企业运作战略策划人才。这个问题是当前实现企业持续发展、保持长久竞争优势的核心问题。

2.企业内部创新与发展的矛盾。面向计划经济的职能化业务流程、管理模式、组织模式已经呈现出与快速发展的不适应，并逐步成为制约电信企业参与全球化竞争的主要因素。ERP 管理和组织模式的改革创新以及企业特色人文环境的建设是实施企业发展战略应考虑的焦点问题。

3.中国电信现有的基础设施不能为用户提供特色服务。中国电信虽然拥有比较完善的网络基础设施，但这大都不是根据市场的实际需要建设的，而是为了满足普遍服务的需要。

4.拆分让中国电信由主体电信企业降级到一个区域性的电信企业。新中国电信的主要阵地将固守在南方市场，而北方市场将由新中国网通占领。即使受到拆分影响，但中国电信的实力仍然最强，只是苦于无全国网络，无法开展全国性的业务。

二、中国电信的机会(opportunity)和威胁(threat)分析

我国国民经济的快速发展以及加入 WTO，将为我国的信息化建设和通信发展提供前所未有的发展机遇。同时也为中国电信提供了巨大的机会，主要表现为：

1.国民经济的持续快速发展，形成了潜力巨大的市场需求，为中国电信提供了更大的发展空间。

2. 电信业法律法规不断健全完善，电信业将进入依法管理的新阶段，为中国电信的发展创造了公平、有序的竞争环境。

3. 中国政府大力推进国民经济和社会信息化的战略决策，为中国电信的发展创造了历史性的机会。

4. 中国加入 WTO 后电信市场逐步对外开放，将加快企业的国际化进程，有利于企业的经营管理、运作机制、人才培养与国际接轨。

5. 电信市场潜力巨大。首先，我国经济发展不平衡，地区之间、消费层次之间的差异决定了电信需求的多层次和多样化，从总体上看，我国电信市场孕育着巨大的需求潜力。其次，从固定电话看，中国电信平均主线普及率只有 13.8%，远低于发达国家平均水平。

6. 移动牌照的发放。目前，移动通信领域是潜力最大，也是竞争最激烈的通信领域，将成为各电信企业的必争之地。一旦中国电信拿到了移动牌照，那么移动领域将是中国电信的又一主营业务。

正所谓机会与威胁同在。任何事件的影响都是相对的，中国电信在迎接巨大机会的同时也将面临巨大的威胁，具体表现在以下几个方面：

1. 电信市场竞争格局由局部转向全面、简单转向多元。首先，在竞争趋势方面，国内市场竞争将由价格竞争向核心能力创新竞争过渡。其次，入世后的国际资本竞争压力也将逐步增大。

2. 中国电信人才流失较为严重。国内外许多公司采用高薪、高福利等政策吸引中国电信人才，造成中国电信人才严重流失。这一现象至今仍未得到解决。

3. 非对称管制对中国电信的影响。中国电信在经营许可、互联互通、电信资费、电信普遍服务等方面受到相对严格的行业管制。

第一节　SWOT 分析的含义

【案例导入 3 - 2】

娃哈哈经营环境 SWOT 分析

杭州娃哈哈集团有限公司创建于 1987 年，目前为中国最大的食品饮料生产企业，全球第四大饮料生产企业，仅次于可口可乐、百事可乐、吉百利这 3 家跨国公司。在中国 26 个省市建有 100 余家合资控股、参股公司，在全国除中国台湾外的所有省、自治区、直辖市均建立了销售分支机构,拥有员工近 2 万名,总资产达 121 亿元。公司拥有世界一流的自动化生产线,以及先进的食品饮料研发检测仪器和加工工艺,主要从事食品饮料的开发、生产和销售,主要生产含乳饮料、瓶装水、碳酸饮料、茶饮料、果汁饮料、罐头食品、医药保健品、休闲食品等八大类近 100 个品种的产品,其中瓶装水、含乳饮料、八宝粥罐头多年来产销量一直位居全国第一。2007 年,公司实现营业收入 258 亿元,娃哈哈在资产规模、产量、销售收入、利润、利税等指标上已连续 10 年位居中国饮料行业首位,成为目前中国最大、效益最好、最具发展潜力的食品饮料企业(见图 3 - 3、图 3 - 4 和图 3 - 5)。

图 3 - 3   图 3 - 4

图 3 - 5

一、娃哈哈经营环境分析(SWOT)(见表 3 - 1)

表3-1　经营环境分析

S(优势)：	W(劣势)：
1.健全发达的营销网络，销售能力强 2.拥有世界一流的自动化生产线，以及先进的食品饮料研发检测仪器和加工工艺，技术实力强 3.产品种类较多，覆盖面广 4.品牌知名度高，产品质量优良，企业形象良好 5.融资能力强，企业信誉度高 6.公关能力极强，且拥有良好的政府关系 7.宗庆后的强势领导能力	1.产品线过长，分散了企业资源 2.传统的工作指令管理方式方法引发诸多管理问题，制约了企业发展 3.多年来的与达能的产权风波一定程度上影响娃哈哈的发展 4.作为带有"家族式"血统的娃哈哈，企业管理过程中，人为因素影响严重，成为了企业规范化管理的最大瓶颈 5.产品组织混乱，缺乏完善的质量监控体系，产品问题时有发生
O(机会)：	T(威胁)：
1.我国是个人口大国，内需市场广大 2.我国饮料行业尚处于发展的上升阶段，有着巨大的增长空间 3.近年来，我国饮料行业均已两位数的高速度增长 4.钢材、水泥等原材料价格下跌，无形中降低了饮料企业生产线及厂房投资成本 5.金融危机使得饮料行业内部重新洗牌，为娃哈哈扩充提供机遇 6.国家为刺激经济，推出4万亿投资等刺激方案，地方政府也纷纷出台优惠政策	1.可口、百事等世界级实力雄厚的饮料王国在中国的饮料市场份额日益扩大 2.以汇源、王老吉、康师傅等为代表的国内品牌在饮料市场上竞争 3.金融危机一定程度上影响了饮料行业的市场需求

二、关于娃哈哈发展的建议

1.进行产品整合，剔除市场上表现不好的产品，压缩产品线，集中力量发展优势产品。

2.稳定和提升营养快线等现金牛产品的市场份额。

3.对hello-c、啤儿茶爽新品进行新的营销策划，重新投放市场，以改变其市场一般的现状。

4.建立健全完善的质量监管体系，切实抓好质量。

一、SWOT分析的含义

SWOT分析法(也称TOWS分析法、道斯矩阵)即态势分析法，20世纪80年代初由美国旧金山大学的管理学教授韦里克提出，SWOT四个英文字母分别代表：优势(Strength)、劣势(Weakness)、机会(Opportunity)、威胁(Threat)。

所谓SWOT分析，即态势分析，就是将与研究对象密切相关的各种主要内部优势、劣势、机会和威胁等，通过调查列举出来，并依照矩阵形式排列，然后用系统分析的思想，把各种因素相互匹配起来加以分析，从中得出一系列相应的结论，而结论通常带有一定的决策性。

运用这种方法，可以对研究对象所处的情景进行全面、系统、准确的研究，从而根据研究结果制订相应的发展战略、计划以及对策等。SWOT分析法常常被用于制订集团发展战略和分析竞争对手情况，在战略分析中，它是最常用的方法之一。

S，W是内部因素，O，T是外部因素。按照企业竞争战略的完整概念，战略应是一个企业"能够做的"(即组织的强项和弱项)和"可能做的"(即环境的机会和威胁)之间的有机组合。

二、SWOT分析模型简介

在现在的战略规划报告里，SWOT分析应该算是一个众所周知的工具。来自于麦肯锡咨询公司的SWOT分析，包括分析企业的优势(Strength)、劣势(Weakness)、机会(Opportunity)和威胁(Threat)。因此，SWOT分析实际上是将对企业内外部条件各方面内容进行综合和概括，进而分析组织的优劣势、面临的机会和威胁的一种方法。

通过SWOT分析，可以帮助企业把资源和行动聚集在自己的强项和有最多机会的地方。

(1)将结果在SWOT分析图上定位(见图3-6)：

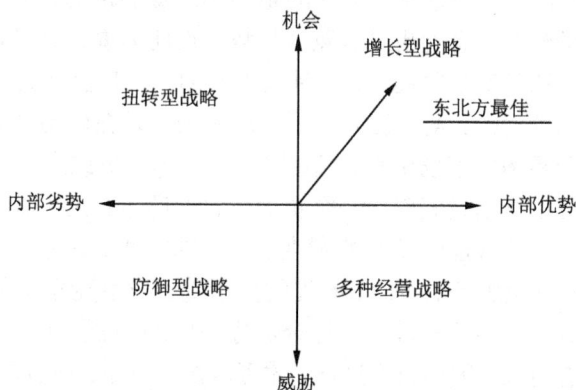

图3-6 SWOT系统

(2)用 SWOT 分析表,将的优势和劣势按机会和威胁分别填入表格(见图 3 –7):

内部因素

	2 利用这些	3 改进这些	机会
	监视这些	1 消除这些	威胁

外部因素（左侧纵向）　优势　劣势

图 3 – 7　SWOT 优劣势分析

三、SWOT 模型含义介绍

优势、劣势分析主要是着眼于企业自身的实力及其与竞争对手的比较,而机会和威胁分析将注意力放在外部环境的变化及对企业的可能影响上。在分析时,应把所有的内部因素(即优劣势)集中在一起,然后用外部的力量来对这些因素进行评估。

（一）优势与劣势分析（SW）

识别环境中有吸引力的机会是一回事,拥有在机会中成功所必需的竞争能力是另一回事。每个企业都要定期检查自己的优势与劣势。企业或企业外的咨询机构都可利用这一格式检查企业的营销、财务、制造和组织能力。每一要素都要按照特强、稍强、中等、稍弱或特弱划分等级。

当两个企业处在同一市场或者说它们都有能力向同一顾客群体提供产品和服务时,如果其中一个企业有更高的赢利率或赢利潜力,那么,我们就认为这个企业比另外一个企业更具有竞争优势。换句话说,所谓竞争优势是指一个企业超越其竞争对手的能力,这种能力有助于实现企业的主要目标——赢利。但值得注意的是:竞争优势并不一定完全体现在较高的赢利率上,因为有时企业更希望增加市场份额,或者多奖励管理人员或雇员。

竞争优势可以指消费者眼中一个企业或它的产品有别于其竞争对手的任何优越的东西,它可以是产品线的宽度、产品的大小、质量、可靠性、适应性、风格和形象以及服务的及时、态度的热情等。虽然竞争优势实际上指的是一个企业比其竞争对手有较强的综合优势,但是明确企业究竟在哪一个方面具有优势更有意义,因为只有这样,才可以扬长避短,或者以实击虚。

由于企业是一个整体,而且竞争性优势来源十分广泛,所以,在做优劣势分析时必须从整个价值链的每个环节上,将企业与竞争对手做详细的对比。如果一个企业在某一方面或几个方面的优势正是该行业企业应具备的关键成功要素，那么，该企业的综合竞争优势也许就强一些。需要指出的是，衡量一个企业及其产品是否具有竞争优势，只能站在现有潜在用户角度上，而不是站在企业的角度上。

小案例：

沃尔玛(Wal-Mart)SWOT 分析案例

图 3 - 8

图 3 - 9

优势 Strengths

1. 沃尔玛是著名的零售业品牌，它以物美价廉、货物繁多和一站式购物而闻名(见图 3 - 8)。

2. 沃尔玛的销售额在近年内有明显增长，并且在全球化的范围内进行扩张，例如，它收购了英国的零售商 ASDA，见图 3 - 9。

3. 沃尔玛的一个核心竞争力是由先进的信息技术所支持的国际化物流系统。例如，在该系统支持下，每一件商品在全国范围内的每一间卖场的运输、销售、储存等物流信息都可以清晰地看到。信息技术同时也加强了沃尔玛高效的采购过程。

4. 沃尔玛的一个焦点战略是人力资源的开发和管理。优秀的人才是沃尔玛在商业上成功的关键因素，为此沃尔玛投入时间和金钱对优秀员工进行培训并建立忠诚度。

劣势 Weaknesses

1. 沃尔玛建立了世界上最大的食品零售帝国。尽管它在信息技术上拥有优势，但因为其巨大的业务拓展，这可能导致对某些领域的控制力不够强。

2. 因为沃尔玛的商品涵盖了服装、食品等多个部门，它可能在适应性上比起更加专注于某一领域的竞争对手存在劣势。

3. 该公司是全球化的，但是目前只开拓了少数几个国家的市场。

企业在维持竞争优势过程中，必须深刻认识自身的资源和能力，采取适当的措施。因为一个企业一旦在某一方面具有了竞争优势，势必会吸引到竞争对手的注意。一般地说，企业经过一段时期的努力，建立起某种竞争优势；然后就处于维持这种竞争优势的态势，竞争对手开始逐渐做出反应；而后，如果竞争对手直接进攻企业的优势所在，或采取其他更为有力的策略，就会使这种优势受到削弱。

而影响企业竞争优势的持续时间，主要的是三个关键因素：

（1）建立这种优势要多长时间？

（2）能够获得的优势有多大？

（3）竞争对手做出有力反应需要多长时间？

如果企业分析清楚了这三个因素，就会明确自己在建立和维持竞争优势中的地位了。

显然，公司不应去纠正它的所有劣势，也不是对其优势不加利用。主要的问题是公司应研究，它究竟是应只局限在已拥有优势的机会中，还是去获取和发展一些优势以找到更好的机会。有时，企业发展慢并非因为其各部门缺乏优势，而是因为它们不能很好地协调配合。例如有一家大电子公司，工程师们轻视销售员，视其为"不懂技术的工程师"；而推销人员则瞧不起服务部门的人员，视其为"不会做生意的推销员"。因此，评估内部各部门的工作关系作为一项内部审计工作是非常重要的。

波士顿咨询公司提出，能获胜的公司是取得公司内部优势的企业，而不仅仅是只抓住公司核心能力。每一公司必须管好某些基本程序，如新产品开发、原材料采购、对订单的销售引导、对客户订单的现金实现、顾客问题的解决时间等等。每一程序都创造价值和需要内部部门协同工作。虽然每一部门都可以拥有一个核心能力，但如何管理这些优势能力开发仍是一个挑战。

（一）机会与威胁分析（OT）

随着经济、社会、科技等诸多方面的迅速发展，特别是世界经济全球化、一体化过程的加快,全球信息网络的建立和消费需求的多样化,企业所处的环境更为开放和动荡。这种变化几乎对所有企业都产生了深刻的影响。正因为如此,环境分析成为一种日益重要的企业职能。

环境发展趋势分为两大类:一类表示环境威胁,另一类表示环境机会。环境威胁指的是环境中一种不利的发展趋势所形成的挑战,如果不采取果断的战略行为,这种不利趋势将导致公司的竞争地位受到削弱。环境机会就是对公司行为富有吸引力的领域,在这一领域中,该公司将拥有竞争优势。

对环境的分析也可以有不同的角度。比如,一种简明扼要的方法就是PEST分析,另外一种比较常见的方法就是波特的五力分析法。

小案例(见图3-10和图3-11)

沃尔玛(Wal-Mart)SWOT分析

图3-10 环境威胁

图3-11 环境机会

机会 Opportunities

1. 采取收购、合并或者战略联盟的方式与其他国际零售商合作,专注于欧洲或者大中华区等特定市场。

2. 沃尔玛的卖场当前只开设在少数几个国家内。因此,拓展市场(如中国,印度)可以带来大量的机会。

3. 沃尔玛可以通过新的商场地点和商场形式来获得市场开发的机会。更接近消费者的商场和建立在购物中心内部的商店可以使过去仅仅是大型超市的经营方式变得多样化。

4. 沃尔玛的机会存在于对现有大型超市战略的坚持。

威胁 Threats

1. 沃尔玛在零售业的领头羊地位使其成为所有竞争对手的赶超目标。

2. 沃尔玛的全球化战略使其可能在其业务国家遇到政治上的问题。

3. 多种消费品的成本趋向下降，原因是制造成本的降低。造成制造成本降低的主要原因是生产外包向了世界上的低成本地区。这导致了价格竞争，并在一些领域内造成了通货紧缩。恶性价格竞争是一个威胁。

第二节　SWOT 分析的步骤

【案例导入 3 – 3】

宝洁 SK – II 的 SWOT 分析

一、背景资料

SK – II 是宝洁公司旗下的高端护肤产品系列。SK – II 原本是一个日本的区域小品牌，被宝洁收购后于 1999 年进入大陆市场。SK – II 专利的 Pitera 是根据微生物学(生命学、细胞学、细菌学)的理论，利用天然酵母发酵后，提炼萃取的珍贵成分，内含健康肤质不可或缺的游离氨基酸、矿物质、有机酸、无机酸等自然成分，具有优异的滋润及特殊保湿功能。日本宝洁公司继 2005 年 SK – II 违禁门事件之后又曝丑闻，2006 年 9 月 16 日，国家质检总局宣布："在来自日本宝洁的 SK – II 品牌系列化妆品中，检出禁用物质铬和钕。"检验检疫部门在对一批 SK – II 重点净白素肌粉饼进行检验后发现，其钕成分含量高达 4.5 mg/kg。事件发生后，引起国家质检总局的高度重视。SK – II 产品迅速下架封柜，宝洁承诺退货。至此 SK – II 事件引起国内外多家媒体的关注。10 月 23 日，国家质检总局与卫生部发布联合声明称，SK – II 化妆品中所含违禁成分铬和钕系原料带入所致，正常使用含微量铬和钕的化妆品对消费者的健康危害较低。基于该声明对于 SK – II 产品安全性的澄清，宝洁公司决定，将在几周内恢复 SK – II 产品在中国内地的销售。

二、SWOT 分析过程

(一)分析环境因素

1. S(优势)：SK – II，是宝洁公司旗下的高端护肤产品系列，背后有宝洁公司强大的财力物力影响力做后盾。虽然 SK – II 产品现在的发展面临着巨大的考验，但是宝洁公司的市场影响力，以及有效的广告诉求，包括这次宝洁公司对此事件积极的反应，都对SK－Ⅱ战胜困难、度过瓶颈阶段提供了重要的保障。宝洁公司旗下其他产品的销售没有受到影响就是一个有力的证明。下面做个粗略的归纳：声誉与外部关系：SK－Ⅱ进入中国市场已经有七年之久，积累了较好的声誉。在此事件之前，未出现任何有关投诉案。甚至在此次事件中，其广告代言人，中国著名影星刘嘉玲接到控告一说也不了了之。法院审案也表示难度太大。这都是与其强大的社会脉络、良好的外部关系分不开的。多年的技术经验积累：宝洁公司有强大的生产力，对产品科技含量要求颇高。此次出现问题，宝洁迅速做出回应，能够很快调整生产。随着调查的深入，情势也逐渐向有利宝洁公司的方向发展。跟大陆其他化妆品牌相比，SK－Ⅱ技术资金、运作机

图 3－12

制上仍有较大优势，用中国古话讲：瘦死的骆驼比马大(见图3－12)。

2. W(劣势)：此次事件中，虽然宝洁公司做出反应，但是仍然可以感觉到它是一个在危机反应中运作比迟钝的巨人。它的危机管理体制远远没有达到标准。从事件的定性、反映速度、应对策略、危机管理的组织保障等诸多环节上，宝洁犯下了一系列的致命错误。事件的定性：宝洁在事件发生后，立即按国际惯例寻找和解人，却没有迅速弄清事件起因，使宝洁很快陷入被动局面。媒介应对策略：SK－Ⅱ危机显得宝洁非常缺乏媒介关系支持。宝洁是中国媒介市场的采购大户，尽管媒介广告和传媒的内容没有直接相关性。但宝洁完全有条件和众多媒体沟通，争取在有关部门没有定论前尽可能少报道该事件或在报道中多体现公司的观点。但对该风波的报道根本看不到宝洁控制的痕迹。媒体的主要议题方向大多是偏向于公关对手设立的。宝洁只是应对，显得十分被动不利。信任危机：事件发生后，宝洁提

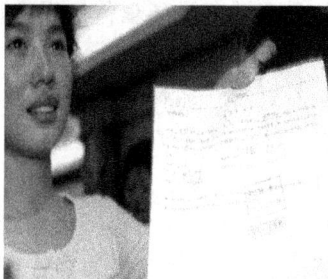

图 3－13

出了无条件退货的承诺，但是很多地区消费者反映退货渠道不畅，这对本身事件中牵涉的虚假广告问题更加不利。很多消费者对宝洁公司的诚信问题产生怀疑。这对一个大型知名公司形象有着巨大的损害。宝洁明确提出不承担伤

害赔偿,很多消费者抗议宝洁的傲慢与偏见(见图3-13)。

3.O(机会):虽然SK-Ⅱ遭到致命打击,但SK-Ⅱ的宣传中较少地提到宝洁,一部分消费者并没有将SK-Ⅱ与宝洁联系起来。主要机会如下:技术:SK-Ⅱ背后有宝洁的强大支持。SK-Ⅱ没有伤及宝洁在中国的根基,可以迅速调整战略。政府反应:中国政府对其采取了一定的保护态度。中国政府的最后表态很大程度上帮助宝洁恢复元气,使宝洁的自我辩护得到官方证据的支持。行业危机:SK-Ⅱ事件提及化妆品行业的安全问题,并称微量的有害物质是行业正常现象,引发了化妆品行业的危机,使得公众注意力很

图3-14

大程度上转移。其他竞争对手无法趁火打劫。知名度:宝洁指出质检有一定的问题。宝洁公司引起了广泛的关注。从一个层面来讲,对提高知名度未尝没有好处。宝洁回答了众多消费者的提问,日前已重新销售。中国仍是其最大的市场,其他产品的占有率依旧很高(见图3-14)。

4.T(威胁):SK-Ⅱ第一次引起人们广泛关注是在今年的3月。其质量问题与3月消费者保护的主题吻合。遭到了媒体的围攻和炒作。在事件越闹越大的时候,宝洁还搬出明星代言人琦琦和刘嘉玲进行声援。而明星的声援几乎起到了适得其反的作用,"明星缺乏公信力"的声音出现在很多媒体上。宝洁对此事的态度和发表的声明不但被唐伟拿来作为反击的证据,还使各界对宝洁集团的危机管理体制提出质疑,其大陆竞争者更是抓住把柄不放,资生堂联合利化等其他的企业虎视眈眈。宝洁SK-Ⅱ的销售遭到毁灭性打击,包括近段时间产品恢复销售都无人问津。

(二)构造SWOT矩阵

通过上述分析,得出以下结论:

1.在此次事件中对宝洁影响最大的是引发诚信问题的讨论。公众大多表示此次事件宝洁高傲和蛮横的态度使他们非常不悦。

2.无论宝洁怎样声称质检出现问题,引发事件动机不纯,但是化妆品含有一些有害物质是不争事实,这也督促宝洁公司需要改进生产过程。

3.在改进过程中,对媒介的运用需要引起重视,充分利用媒介。

4.通过此事件,宝洁应该总结出广告中出现的问题。涉及数字问题容易引发虚假广告的争论,明星代言要注重明星的公信率。

（三）市场运作建议

1. 首先承认自己的失误，但承诺此事不会影响宝洁的销售。

2. 完善危机应对体系，积极回应。对消费者利益的损害作出相应的赔偿，疏通退货渠道，坚决不可出现影响自己声誉的情形。

3. 仍然坚持原有的市场定位，走高端路线。不要因为出现失误而自掉身价。

4. 广告策略，删去明星代言策略。树立诚信形象，使公众相信宝洁仍然是把消费者放在第一位。

5. 媒介的运用上，可以广泛运用媒介，在电视网络杂志加强宣传，突出 SK－Ⅱ改进后的优势。

6. 最根本的，改进生产技术，降低产品中不合格成分，提高技术对质量把关。

7. 在拯救 SK－Ⅱ品牌同时，研发建立在该品牌上的其他新品牌，以走出困境。

一、SWOT 分析的步骤

进行 SWOT 分析时，主要有以下几个方面的内容。

（一）分析环境因素

运用各种调查研究方法，分析出公司所处的各种环境因素，即外部环境因素和内部能力因素。外部环境因素包括机会因素和威胁因素，它们是外部环境对公司的发展直接有影响的有利和不利因素，属于客观因素，内部环境因素包括优势因素和弱点因素，它们是公司在其发展中自身存在的积极和消极因素，属主动因素，在调查分析这些因素时，不仅要考虑到历史与现状，而且更要考虑未来发展问题。

（1）优势，是组织机构的内部因素，具体包括：有利的竞争态势；充足的财政来源；良好的企业形象；技术力量；规模经济；产品质量；市场份额；成本优势；广告攻势等。

（2）劣势，也是组织机构的内部因素，具体包括：设备老化；管理混乱；缺少关键技术；研究开发落后；资金短缺；经营不善；产品积压；竞争力差等。

（3）机会，是组织机构的外部因素，具体包括：新产品；新市场；新需求；外国市场壁垒解除；竞争对手失误等。

（4）威胁，也是组织机构的外部因素，具体包括：新的竞争对手；替代产品增多；市场紧缩；行业政策变化；经济衰退；客户偏好改变；突发事件等。

SWOT 方法的优点在于考虑问题全面，是一种系统思维，而且可以把对问题的"诊断"和"开处方"紧密结合在一起,条理清楚,便于检验。

(二)构造 SWOT 矩阵

将调查得出的各种因素根据轻重缓急或影响程度等排序方式,构造 SWOT 矩阵。在此过程中,将那些对公司发展有直接的、重要的、大量的、迫切的、久远的影响因素优先排列出来,而将那些间接的、次要的、少许的、不急的、短暂的影响因素排列在后面。

(三)制订行动计划

在完成环境因素分析和 SWOT 矩阵的构造后,便可以制订出相应的行动计划。制订计划的基本思路是:发挥优势因素,克服弱点因素,利用机会因素,化解威胁因素;考虑过去,立足当前,着眼未来。运用系统分析的综合分析方法,将排列与考虑的各种环境因素相互匹配起来加以组合,得出一系列公司未来发展的可选择对策。

二、SWOT 分析的原则

成功应用 SWOT 分析法的简单规则:

(1)进行 SWOT 分析的时候必须对公司的优势与劣势有客观的认识。

(2)进行 SWOT 分析的时候必须区分公司的现状与前景。

(3)进行 SWOT 分析的时候必须考虑全面。

(4)进行 SWOT 分析的时候必须与竞争对手进行比较,比如优于或是劣于你的竞争对手。

(5)保持 SWOT 分析法的简洁化,避免复杂化与过度分析。

三、SWOT 模型的局限性

与很多其他的战略模型一样,SWOT 模型已由麦肯锡提出很久了,带有时代的局限性。以前的企业可能比较关注成本、质量,现在的企业可能更强调组织流程。例如以前的电动打字机被印表机取代,该怎么转型?是应该做印表机还是其他与机电有关的产品?从 SWOT 分析来看,电动打字机厂商优势在机电,但是发展印表机又显得比较有机会。结果有的朝印表机发展,死得很惨;有的朝剃须刀生产发展很成功。这就要看,你要的是以机会为主的成长策略,还是要以能力为主的成长策略。SWOT 没有考虑到企业改变现状的主动性,企业是可以通过寻找新的资源来创造企业所需要的优势,从而达到过去无法达成的战略目标。

在运用 SWOT 分析法的过程中,或许会碰到一些问题,这就是它的适应性。因为有太多的场合可以运用 SWOT 分析法，所以它必须具有适应性。然而这也会导致反常现象的产生。基础 SWOT 法分析法所产生的问题可以由更高级的 POWER SWOT 分析法得到解决。

【讨论题】

1. 什么是 SWOT 分析？
2. SWOT 分析的步骤有哪些？
3. 进行成功的 SWOT 分析的简单原则有哪些？

【实训题】

表 3 - 2　实训一

实训名称	对 361°广告进行 SWOT 分析
实训目的	通过实训使学生能够正确运用 SWOT 分析矩阵进行广告分析
实训内容	根据背景资料，分析 SWOT 分析要素，按照创意决策步骤，进行矩阵构建，拟定有效的建议
实训要求	1. 以小组为单位完成 2. 分工协作，任务明确 3. 形成 SWOT 分析矩阵，并拟定建议，字数不少于 500 字 4. SWOT 分析内容包括：市场环境分析、构建 SWOT 分析矩阵、拟定下一步建议 5. 课上研讨，课后完成总结，用时 8 课时
实训步骤	1. 认真分析所给背景资料 2. 收集更多的信息，以备使用 3. 分析优势、劣势、机会和威胁 4. 按照 SWOT 分析的步骤，逐个要素进行分析决策 5. 小组头脑风暴，各成员发表个人看法，形成不同意见 6. 确定最终可行性建议，阐述建议内容
实训体会	

背景资料：

361°属于三六一度（福建）体育用品有限公司，成立于 2003 年。

一、361°所获荣誉（见图 3 - 15）

2003 年，361°被国家质量监督检验检疫总局授予"国家免检产品"荣誉称号，这为一直以质量取胜的品牌战略戴上一顶有着特殊意义的桂冠，三六一度也将继续专注于为消费者研发生产更多更好的产品。

2005 年，361°被授予"中国名牌"荣誉称号。

2005 年，361°入选"中国500 强最具价值品牌"，排名高居行业第一。

图 3－15

2006 年，361°被国家工商行政管理总局认定为"中国驰名商标"。

作为民族体育用品行业领先品牌，361°一直以支持中国体育事业的发展为己任，相继赞助了中国乒乓球超级联赛、郑开国际马拉松赛、金门马拉松赛、全国跳水锦标赛暨奥运选拔赛、中国大学生篮球超级联赛(CUBS)等一系列赛事，全面助力中国体育事业的腾飞。

二、361°的经营模式和销售渠道信息

1. 经营项目

运动鞋、运动套装、运动袜、帽子、T 恤、运动双肩包。

2. 经营模式

近来内地运动服市场大型商家中增长最快的品牌，公司能取得如此佳绩其经营方式实有可取之处。公司的独家分销业务模式鼓励分销商透过增加零售点向顾客提供一站式购物体验，促进旗下产品的宣传和销售，从而提高占有率。它与分销商紧密合作，制订发展方案，当中更要求分销商在一定时间内开设某个数量新店和达到最低采购目标。

361°独有的多媒体销售及宣传方法，成功地确立公司作为内地领导运动服品牌的位置。不断利用传媒销售渠道，公司又通过综合媒体广告、特别赛事、展销会和店内推广等对属下产品进行交叉销售，大大增加品牌知名度及缔造品牌的形象。同时，公司又通过赞助可提高品牌形象的高端体育赛事来办大型销售活动，借此让它可以对比赛宣传活动中大力推动交叉营销，从中促进产品的销售。

3. 渠道

(1)实体店。

361°市场网络建立通过全面深度的市场分析，结合科学先进的行业运营经验，确立了以东北沈阳；华北北京、石家庄、济南；华东南京、上海；中部地区武汉、郑州；华南广州；西南昆明、成都市场为中国市场战略的十一大核心市场，并积极寻找战略区域板块，继续推动市场建设。在全国核心市场开设旗舰店、明星店，辅以普通店、单品店。

（2）虚拟店。

361°同样具有健全的网络销售渠道，在淘宝、拍拍等都开始有官方专卖店等以来满足消费者的需要。

表 3 - 3　实训二

实训名称	求职路上 我是谁
实训目的	通过实训使学生能够掌握 SWOT 分析方法
实训内容	运用 SWOT 分析方法进行自我认知和自我悦纳
实训要求	1. 以个人为单位完成 2. 按照 SWOT 分析矩阵完成任务 3. 形成自我认知表述，字数不少于 500 字 4. 自我认知表述内容包括：在求职准备过程中，自己的优势、自己的劣势、外部的就业机会和威胁 5. 课后自我认知表述材料，用时 6 课时
实训步骤	1. 认真进行自我认知 2. 构建自我认知的 SWOT 分析矩阵 3. 客观分析之后能够自我悦纳，同时给自己提几条建议，为求职之路扫清障碍
实训体会	

第四章　广告定位要素决策

【广告定位要素决策的流程图】

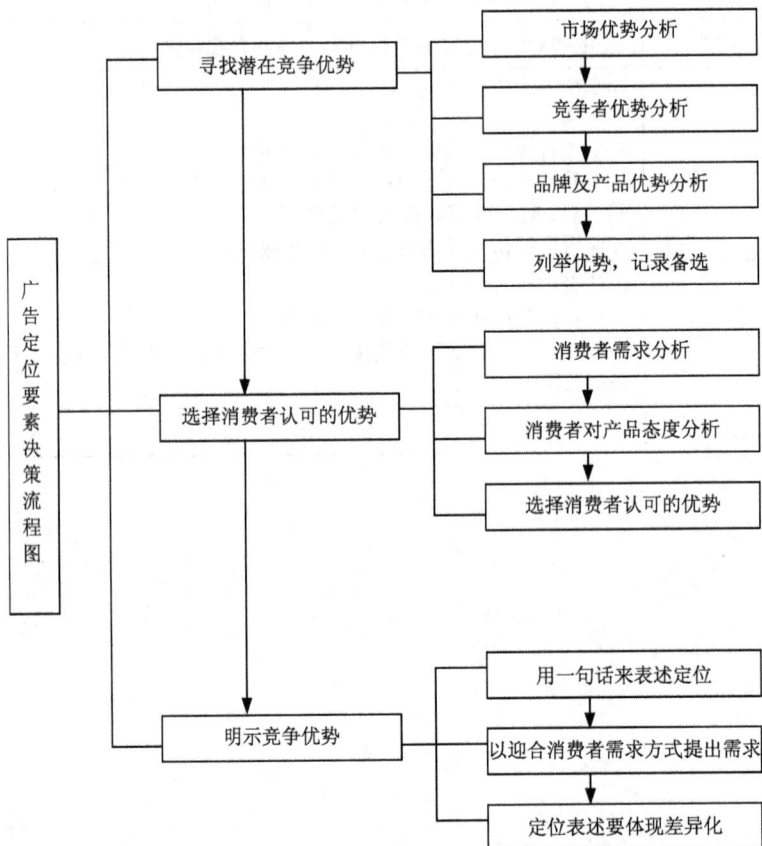

```
                              ┌──────────────────┐
                         ┌───→│   市场优势分析    │
                         │    └──────────────────┘
                         │    ┌──────────────────┐
            ┌──────────────┐  │   竞争者优势分析   │
        ┌──→│ 寻找潜在竞争优势 │─┤  └──────────────────┘
        │   └──────────────┘  │  ┌──────────────────┐
        │         │           │  │ 品牌及产品优势分析 │
        │         │           │  └──────────────────┘
        │         │           │  ┌──────────────────┐
        │         │           └─→│ 列举优势，记录备选 │
        │         ↓              └──────────────────┘
   ┌────────┐                    ┌──────────────────┐
   │广告     │              ┌───→│   消费者需求分析   │
   │告       │              │    └──────────────────┘
   │定       │  ┌──────────────┐ ┌──────────────────┐
   │位   ────┼─→│选择消费者认可的优势│─│ 消费者对产品态度分析 │
   │要       │  └──────────────┘ └──────────────────┘
   │素       │        │          ┌──────────────────┐
   │决       │        │          │ 选择消费者认可的优势 │
   │策       │        │          └──────────────────┘
   │流       │        ↓          ┌──────────────────┐
   │程       │                   │  用一句话来表述定位 │
   │图       │  ┌──────────────┐ └──────────────────┘
   └────────┘  │   明示竞争优势  │ ┌──────────────────┐
           └──→└──────────────┘─│以迎合消费者需求方式提出需求│
                                 └──────────────────┘
                                 ┌──────────────────┐
                                 │ 定位表述要体现差异化 │
                                 └──────────────────┘
```

【学习目标】

1.明确广告定位含义，理解广告定位要点。

2.熟练掌握广告定位决策流程，能够独立完成广告定位要素决策。

3.熟练掌握实体定位的方法，掌握观念定位的方法，能够灵活运用广告定位的各种方法。

【案例导入 4 - 1】

你能说出多少个智能手机品牌?

现在我们做一个小测试，请你在最短的时间内说出你所知道的智能手机品牌，你能有多少个答案呢? 这个测试说明了什么问题呢?

你可能马上给出的答案有：苹果、三星、诺基亚、联想、oppo、魅族、小米……可能会是 3 个、5 个、7 个，或者更多(见图 4 - 1 至图 4 - 5)，但是，总是有限的数字，那么，这是为什么呢?

图 4 - 1　苹果手机

图 4 - 2　小米手机

图 4 - 3　三星手机

图 4 - 4　联想手机

随着同质化商品竞争日益激烈，各种媒介高速发展，人们已经进入了一个传播过多的时代，每天平均接触到1500则广告，再加上产品、信息的均质化，无数的广告和商品都将淹没于信息的海洋中。而相对于这样一个传播过多的社会，人类的心智又是一个完全不够大的容器。根据哈佛大学心理学家米勒的研究，一般人类的心智不能同时与七个以上的单位打交道。这也是为什么以"七"为所必须记忆的表格目录数字盛行的原因。当问及一个人他所记忆的某

图4-5　诺基亚手机

一类别商品的全部品牌数目时，即使其是最感兴趣的产品类别，也很少有人能说出七个以上的品牌名称。至于那些不感兴趣或不需要的商品，消费者最多能说出一两种品牌。

所以，广告主若想在众多竞争对手中脱颖而出，打开商品销路，就必须进行有效地定位，使自己的商品或品牌占领消费者的心智，成为消费者心目中的No.1。

【案例分析】

（1）当今市场竞争激烈，品牌要想脱颖而出，被消费者所认可，必须有独特之处，即定位，广告主务必力求通过广告等方式传递给消费者知道，帮助消费者区分不同品牌并指导购买行为。

（2）消费者心智空间有限，定位应以消费者需求为出发点，找到合于消费者需求的定位。

第一节　广告定位要素的含义

一、定位的提出

1969年艾·里斯和杰·特劳特在美国《产业行销杂志》写了一篇名为《定位是人们在今日模仿主义市场所玩的竞赛》使用"定位"（Positioning）一词。

1972年，美国的艾·里斯和杰·特劳特提出，在《广告时代》上发表文章《定位》。他们曾指出"'定位'是一种观念，它改变了广告的本质"。"定位从

产品开始,可以是一种商品、一项服务、一家公司、一个机构,甚至于是一个人,也许可能是你自己。但定位并不是要你对产品做什么事。定位是你对未来的潜在顾客心智所下的工夫,也就是把产品定位在你未来潜在顾客的心中。所以,你如把这个观念叫做'产品定位'是不对的。你对产品本身,实际上并没有做什么重要的事情"。

广告定位于20世纪70年代初期提出,到20世纪80年代中期达到顶峰,其广告理论的核心就是使商品在消费者心目中确立一个位置。正如艾·里斯和杰·特劳特所指出的:广告已进入一个以定位策略为主的时代,"想在我们传播过多的社会中成功,一个公司必须在其潜在顾客的心智中创造一个位置"。"在定位的时代,去发明或发现了不起的事物并不够,甚至还不需要。然而,你一定要把进入潜在顾客的心智,作为首要之图"。

总结来说,定位的发展分为两个阶段:

(1)最开始作为一种广告营销策划的一项技巧。

(2)现在已成为广告营销策划的基本步骤。

二、定位的含义

(1)里斯和屈特的定义:你对潜在顾客心智所下的工夫……也就是把产品定位在你未来潜在顾客的心中。

(2)由科特勒下的定义:是对公司的提供物和形象的策划行为,目的是使它在目标消费者的心智中占据一个独特的有价值的位置。

(3)广告定位:就是指广告主通过广告策划活动,使企业或品牌在消费者心目中确定位置的一种方法,是广告策划的要素之一。

三、定位的要点

艾·里斯等的广告定位思想在艾·里斯和杰·特劳特著的《广告攻心战略——品牌定位》一书中,详细地论述了广告定位的方法和要点。

根据A.里斯和J·屈特定位论的原始论述,我们将定位论的基本主张归纳为以下5个基本要点:

(1)广告的目标是使某一品牌、公司或产品在消费者心目中获得一个据点,一个认定的区域位置,或者占有一席之地。

IBM没有发明电脑,电脑是兰德公司发明的,然而IBM是第一个在消费者心目中建立"电脑"位置的公司。米克劳(Miche Lob)啤酒定位于美国高价位的啤酒,宣称"第一等啤酒是米克劳"。实际上它不是美国国内第一个高价位啤酒，但在喝啤酒人士心目中，它是第一个占据该位置的，所以消费者会同样认为"第一等啤酒是米克劳"。

（2）广告应将火力集中在一个狭窄的目标上，在消费者的心智上下工夫，是要占据一个心理的位置。

在广告中不被其他声音淹没的办法就是集中力量于一点。换言之，就是要做出某些"牺牲"，放弃某些利益或市场。

沃尔沃（Volve）定位于安全、耐用，它就放弃对外观、速度、性能等利益的诉求。Nyqnil 是于夜间服用的感冒药，它就放弃了白天市场。

这里需要明确的两点是：

①集中力量于某一明确的点，但必须是多数消费者需求的利益点。

②目标对象（消费者）并不是单一的小群体。

（3）应该运用广告策划占据独有的位置。尤其是"第一说法、第一事件、第一位置"。因为只有"第一"才能在消费者心中造成难以忘怀的、不易超越的优势效果。

从心理学的角度看，人们容易记住位居第一的事物。例如你可以不假思索答出世界第一高峰的名字：珠穆朗玛峰。可是第二高峰的名字呢？大多数人可能就不知道了。因而占据第一的位置，就具备了绝对的优势。

A.里斯和 J.屈特指出，如果市场上已有一种强有力的头号品牌，创造第一的方法就是找出公司的品牌在其他方面可以成为"第一"的优势。因此，要在消费者头脑中探求一个还没有被其他人占领的空白领地。例如，七喜汽水称其产品为"非可乐"，当消费者需要一种非可乐饮料时，首先就会想到它。

（4）广告表现出的差异性，并不是一定要指出产品的具体的特殊的功能利益，而是要体现出品牌之间的区别。

快乐牌香水并没有表现它的高品质或香味特征，而是声称："世界上最贵的香水只有快乐牌"。以高价位的定位与同类其他品牌相区分。

舒立滋（Schlitz）啤酒定位于"淡啤"没有其他功能利益性诉求。然而在消费者心目中"淡啤 = 舒立滋"，从而实现了类的区别，赢得淡啤这一市场。

（5）这样的定位一旦建立，无论何时何地，只要消费者产生了相关的需求，就会自动地、首先想到广告中的这种品牌或产品，达到"先入为主"的效果。

定位最终的结果就是在消费者心目中占据无法取代的位置，让品牌形象深植于消费者脑海，一旦有相关需求，消费者就会开启记忆之门，自然而然想到它。现实中很多品牌做到了无法取代，如柯达、麦当劳、可口可乐、万宝路，等等。

小案例：

它们的定位是什么？

中国牙膏市场增长迅速，竞争日益激烈，据统计，1998 年，中国牙膏产量达到 28.07 亿支，比 1949 年增长了 133.6 倍，2000 年牙膏产量达到了 36 亿支，年人均使用量提高到了 2.8 支，而 2010 年牙膏产量达到 54 亿支的规模。而在我国牙膏市场，消费者有 7 大牙齿问题需要解决：龋齿、牙龈问题、牙齿敏感、牙石、牙菌斑、口气、牙齿不洁白等。针对消费者的不同需求，牙膏品牌定位各有不同。让我们盘点一下。佳洁士的定位是美白防蛀，高露洁的定位是专业防蛀，二者皆主要面向高端市场，注重开发儿童市场。黑妹牙膏的定位是清新口气，口感细腻柔滑，用后清爽，清新有活力。云南白药牙膏的定位是治疗牙龈出血、口腔溃疡，走高端路线。竹盐牙膏的定位是一种植物而非含氟的防蛀牙膏，走文化路线。黑人牙膏定位为口气清新，给消费者漂亮的牙齿、清新的口气、独特的味道以及由此带来的体验和自信。冷酸灵牙膏的定位是抗过敏牙膏，继承中药精华，解决牙齿遇到冷热酸甜后所遭受的痛苦。田七牙膏针对儿童牙膏市场的空白，定位为儿童牙膏，专注于儿童从长牙到换牙阶段的不同产品。蓝天六必治定位为解决六种口腔问题，包括口腔炎症、牙龈出血、肿痛、口臭、牙齿过敏、口腔溃疡。中华牙膏开始时主要面向中老年人，定位为防蛀坚固牙齿。两面针牙膏定位为预防牙龈出血，主要解决牙齿过敏、牙周炎、止血止痛。纳爱斯牙膏早期定位为营养牙膏。以上这些定位，你都知道么？

【案例导入 4 - 2】

三精制药的蓝瓶定位是如何得来的

如今，"蓝瓶的三精"这一概念早已家喻户晓，消费者对它十分信赖，市场销量稳定，被公认为是一个经典的成功定位案例，可是谁又知道当初这个定位是如何得来的呢？

一、市场分析

由于人民生活水平和健康意识提高，近些年国内药品及保健品的消费量形成快速增长的趋势，尤其是微量元素的补充更成为老百姓的消费热点，使得这类产品的市场规模也扩张到了过去的几倍。但随着各大厂家争夺市场份额和小型企业的跟进模仿，药品及保健品的市场竞争却愈演愈烈，同时劣质仿冒品也层出不穷。

二、消费者分析

现在中国药品及保健品口服液品种拥有超过 100 亿美元的市场规模。因为口服液产品容易吸收，效果迅速，所以为消费者所青睐。消费者在购买这类产品时，对各品牌之间的差异并不是很明确，没有对特定品牌的鲜明认知，消费行为尚处在理解探索阶段。

三、企业及产品分析

三精制药是国内率先通过药品 GMP 认证、ISO 认证的制药企业，凭借拥有专利的蓝瓶技术和蓝瓶产品内控标准高于国家标准等优势，

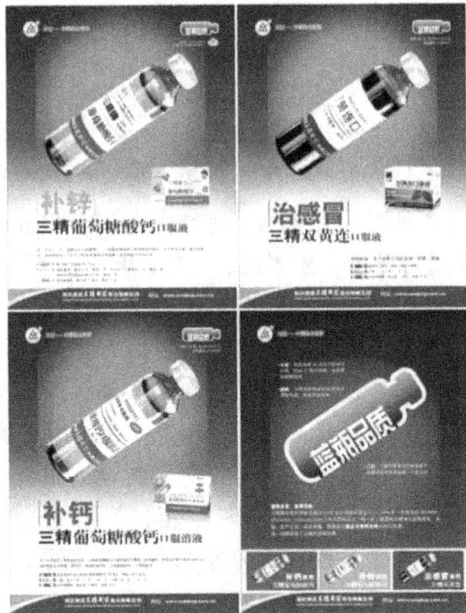

图 4-6　三精平面广告

使三精的蓝瓶口服液 [包括葡萄糖酸钙(OTC 药品)、葡萄糖酸锌(保健品)、双黄连(OTC 药品)] 在国内同类品种销售中一直处于首位，是消费者公认的优质产品；公司于 2004 年为蓝瓶设计申请专利，并将三精的优质口服液品种全部改为蓝色瓶装。

四、竞争分析

三精牌葡萄糖酸钙口服溶液具有离子钙形态，容易吸收，效果迅速的特点，备受消费者青睐。而补钙产品市场上的钙尔奇 D、高钙片、乐力钙等片剂品种凭借巨大的广告效应和具备便于携带、价格较低的优势和三精形成鼎立之势。三精牌葡萄糖酸锌口服液是三精制药自主研发的产品，是国内第一个补锌制剂，具备含量合理、吸收迅速、口感好等绝对优势，当时国内尚无大的厂家生产同类产品。

而在销售终端，中小企业产品对三精产品的拦截情况非常严重，拦截率达到 85% 以上。主要体现在小型企业的仿冒、低价品种在终端挂金销售，促

使店员误导原打算购买三精产品的消费者改为购买同类挂金品种。

基于以上情况，要如何确定三精的竞争优势，或者说三精与竞争品牌的差异在哪里呢？如何让消费者认为三精与众不同，从而选择三精产品呢？

最终，"蓝瓶的"成为了定位点，你能说出这是为什么吗？

图4-6是各媒体广告图示：①平面广告；②电视广告。

《地球蓝瓶篇》TVC

广告语：现在，三精制药正努力成为您健康生命的蓝色保障！为什么三精牌葡萄糖酸钙、葡萄糖酸锌及双黄连口服液都是蓝色瓶装？因为三精独有的蓝波技术，保证了每一支三精口服液的优良品质。信赖三精 认准蓝瓶！（图4-7）

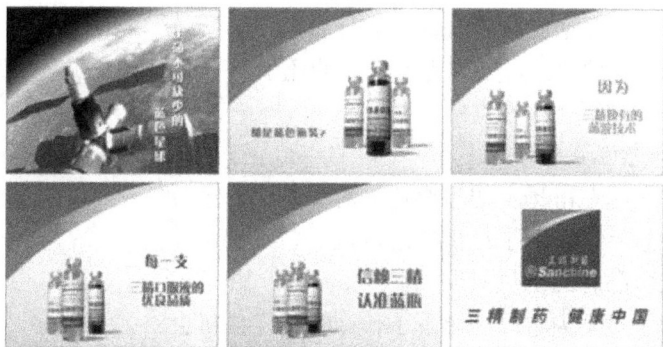

图4-7　三精电视广告

（参考资料："三精"系列口服液推广策略）

【案例分析】

三精这个定位的要点如下：

（1）要明确三精口服液与市场跟随者的区别在哪里？怎样才能防止终端拦截，让消费者认可三精品质的同时，不受外界干扰，选择三精品牌的产品？

（2）"蓝瓶"是三精口服液产品在品牌、品质之外，和同类品种间最明显的差异点，那么就要明确这个定位。

（3）明示蓝瓶定位，让蓝瓶被每个消费者记忆，并与三精的产品质量相关联，让消费者在信赖三精品质的同时，只选择蓝瓶的，有效地与竞品区隔，将"蓝瓶"有效传播给消费者及销售终端,是广告策划活动的关键点。

第二节　广告定位要素决策的步骤

一、寻找潜在的竞争优势

寻找潜在的竞争优势是定位过程中一个重要的分析步骤,它必须以对市场的分析、对消费者的分析、对竞争对手的分析、对企业和产品自身的分析为基础进行。

(一)优势分析

1. 市场优势分析

(1)市场中已经有多少同类产品?

(2)哪些产品最受顾客欢迎? 为什么?

(3)最有竞争力、可以成为本产品的竞争对手的品牌是哪一个?

(4)市场是否还存在空缺?

2. 竞争者优势分析

(1)本品牌在市场上的主要竞争对手是谁?

(2)竞争品牌采取了什么样的定位?

(3)竞争品牌的定位效果如何?

(4)竞争对手为本品牌留下了什么样的定位机会?

3. 品牌及产品优势分析

(1)品牌最主要的优势是什么? 是历史,是技术,是品质,还是产品多样化?

(2)产品最主要的优势是什么? 是历史,是技术,是品质,是用途,是消费者的专属性,还是价格?

(3)品牌及产品与竞争对手的不同点有哪些?

(4)哪些不同是真正的优势点?

(二)优势列举

明确本产品与竞争对手相比具有哪些竞争优势,记录下来,形成优势记录单,以备选择。

二、选择消费者认可的竞争优势

定位是要让产品占据消费者心目中的位置,那么, 这个"定位", 必须是

消费者想要的。所以，只有从消费者角度出发，才能找到消费者想要的"优势"。如果消费者不喜欢不需要，那么再好的"优势"也无法占据消费者心目中的位置。

从消费者角度出发，要完成如下步骤。

1. 消费者需求分析

（1）消费者在诸多品牌之间有没有选择倾向？选择倾向如何？

（2）不同消费者群体的选择倾向如何？

（3）消费者主要的需求是什么？

（4）消费者主要的需求心理是什么？

（5）消费者哪些需求得到了其他品牌的满足？哪些需求还没有得到满足？

2. 消费者对品牌及产品态度分析

（1）消费者对本品牌的印象如何？

（2）消费者选择本品牌出于什么样的动机？

3. 选择消费者认可的优势

根据上述分析，从优势记录单上，选择本品牌最能够满足消费者需求的优势。

三、明示竞争优势

企业选择了最能够满足消费者需求的优势，就应该明确地向市场和消费者传达。这个步骤实际上是将产品优势与消费者需求统一起来，是二者的完美融合。

1. 用一句话来表述定位

定位的表述即竞争优势的明示，要简单明了，通俗易懂。以便于为广告诉求要素决策、广告创意要素决策提供明确的方向。

2. 以迎合消费者需求方式提出

定位的明示必须以消费者立场提出，是满足消费者需求的有力保证。以便为广告诉求重点决策、广告主题决策提供准确依据。

3. 定位表述要体现差异化

即使是不具备显著的竞争优势，在明示时也要体现差异化，与竞争对手的定位明确地区分开来。

【案例导入 4 - 3】

谁告诉我们"比利时有五个阿姆斯特丹"？

比利时有五个阿姆斯特丹，谁说的？定位大师 A.里斯和杰·屈特在他们的书中以一章的篇幅介绍了莎碧娜航空公司为比利时这个国家定位的实例。

莎碧娜由北美直飞比利时首都布鲁塞尔。虽然它夺得了飞往比利时这条航线的最大市场占有率，但营运情况仍不理想。因为没有多少乘客飞往比利时，尽管莎碧娜做了很多广告来宣传机上饭食丰美、服务周到，但是门庭冷落现象依然如故。

换了广告公司之后，经广告人员多方调研，发现问题的症结不在航空公司自身，而在于比利时作为旅游地，并非游客心目中的观光胜地。于是，"为比利时做广告，而不为莎碧娜"的想法应运而生。接下来的问题是如何为一个国家找到定位？

图 4 - 8

先来看看人们心目中理想的旅游目的地荷兰的首都——阿姆斯特丹，有人这样形容阿姆斯特丹：在郁金香绽放的水都，带上巧克力和奶酪，骑着自行车去运河找浪漫，或者"宅"在博物馆里寻找梵高的踪迹，见图 4 - 8、图 4 - 9、图 4 - 10。

图 4 - 9

图 4 - 10

再来看看要进行定位的比利时，有人这样形容比利时：它是一幅展开的画卷，古城堡、现代都市、自然风光……应有尽有。要领略比利时的风采，

需要一点耐心慢慢走遍，每一处都会给你惊喜，见图4-11和图4-12。

图4-11

比利时是一个美丽的国家，有许多的观光点吸引着有经验的欧洲游客。例如：趣味盎然的城市、历史性的宫殿、博物馆、美术馆等。然而"美丽"虽然是个好的定位，但实际上不足以作为推广观光的主题。要将一个国家定位成目的地，需要许多会吸引游客，使之逗留至少几天的观光点。

图4-12

何况，很多美国游客对比利时相当陌生，甚至不知它位居何方。这个定位的难题在米其林旅游指南上找到了解决之道。米其林旅游指南上列举了6个三星级"值得特别一游"的城市，其中5个都在比利时境内。而北方最大的观光胜地荷兰只有一个三星级的城市——阿姆斯特丹。这一信息激发了广告创作人员的灵感，很快就有了"在美丽的比利时境内，有5个阿姆斯特丹"的广告标题。以该定位制作的电视广告片，反响热烈。

【案例分析】

这个成功的定位案例给了我们三点重要启示：

（1）它将比利时与游客心目中原有的目的地——阿姆斯特丹拉上关系。在任何定位计划中，如果你开始就能将自己的事物与本来强固的定位看法拉在一起，你就在建立自己定位的工作上大为超前。

（2）米其林旅游指南在游客心目中早有地位，因此能提供可信度的概念。

（3）"必游的五个城市"使比利时成了一个实实在在，值得一游的目的地。

由此可见，莎碧娜还是原来的莎碧娜，比利时也还是原来的比利时，但是由于重新进行了定位，让自身在人们心目中的印象改变，位置改变，从而价值改变了，那么，人们的行动也改变了。可惜的是，这一成功的定位计划中途而废，没有很好地贯彻执行。这对所有从事定位计划的人都是个教训。好的定位也不是能立竿见影的，需要排除阻力，长期并且始终如一的贯彻执行。

第三节　广告定位要素决策的方法

在实际操作中，可以运用多种定位方法进行定位，这些方法主要分为实体定位方法和观念定位方法两大类。

一、实体定位方法

1. 功能定位

将产品区别于竞争对手的独特功能、配方等作为产品定位。

2. 质量定位

如果与竞争对手相比，产品质量占明显优势，可以将质量作为产品定位。

3. 品质定位

以品质为出发点，可以采用的是高品质定位。

4. 价格定位

如果以价格为定位出发点，可以采取高价格定位和低价格定位。价格和品质相结合，又可衍生出优质优价定位和优质低价定位。

5. 生产技术和工艺定位

如果企业在生产技术和工艺上具有优势，则可以在定位中重点突出这些优势，采取先进技术的定位。

6. 服务定位

现代社会消费者越来越注重企业提供的各项服务，如果企业的产品在质量上已和竞争产品没有明显的差别，但是可以提供更好更优质的售前、售中、售后服务，企业可以采取优质服务的定位。

7. 产品历史定位

一般来说，对于传统产品，消费者总是认为历史悠久的产品是更好的产品，因此如果产品是首创的、第一家生产的、历史最为悠久的，不妨在定位中将这些优势突出出来。

8.产品带给消费者的利益定位

在定位中突出产品所带给消费者的利益，如瑞典"VOLVO"汽车的"安全"定位，就是对汽车带给消费者的"安全"的利益做明确的、长期的、反复的承诺。

9.按照使用形态和使用时机定位

在定位中突出消费者使用产品的特定环境和条件，如麦斯威尔咖啡的"尽情享受悠闲一刻"。

10.使用者定位

强调产品专门为某一群体的消费者设计，以突出产品的专属特性。如力士香皂的"国际著名影星的香皂"就是突出了专门的使用群体——所有希望像国际著名影星那样迷人的女性。

二、观念定位方法

除了实体定位，也可将某种象征意义或观念定位在消费者心目中。

1.象征定位

挖掘产品的象征意义，如象征或见证爱情、社会地位、某种精神、某种文化等，如石头记的"世上仅此一件，今生与你结缘"就是象征爱情的定位。

2.心理定位

消费者选择某种产品总是出于一种需求心理，因此采取迎合他们心理的心理定位是一种有效的方法，如百事可乐的"年轻一代的选择"的定位，就是迎合了年轻一代追求个性自由发展的心理。

3.是非定位

这种定位是与竞争对手想比较的定位方法，如七喜汽水的"不含咖啡因的非可乐"就是采用了是非定位。

4.逆反定位

这种定位方法是采用逆向思维的结果，从反方向出发解决问题，在定位时同样要比较竞争对手的定位，如艾维斯租车公司的定位是"我们是第二"，这是一个典型的逆反定位。

5.关联定位

这种定位方法是找出本产品的优势，并形象地与其他已经成名的、为消费者熟知的事物产生对比与联系，使消费者快速理解产品优势，如莎碧娜航空公司的定位为"比利时有五个阿姆斯特丹"。

三、其他定位方法

在某些情况下，还可以使用如下方法进行定位。

1. 为对手重新定位

这种定位方法的含义是：后起的产品为了在竞争中取胜，寻找对手在定位上的弱点并且以事实向消费者传达这些弱点，以使消费者对敌手的定位产生怀疑，从而认同自己的产品比竞争对手的产品的优越之处，逼迫对手放弃原有的定位。

这种方法在使用时存在两个问题：一是它是否合法，二是它是否合乎道德。

2. 产品自身的再定位

市场是不断发生变化的，消费者不断有新的需求，不断有新的同类产品加入竞争，产品自身在生命周期中所处的阶段也不断演进。所以，产品的定位不是一成不变的。我们称企业自身修正产品的定位或者寻求新的定位为"产品的再定位"。

在以下三种情况下要求产品的定位必须及时做出调整：

（1）产品定位在刚刚开始执行时就被市场的实际情况证明是不合理的。

（2）产品定位在成功地执行一段时期后，已经难以适应市场、消费者和竞争的变化。

（3）竞争对手突然发起挑战，使消费者对产品原来的定位发生怀疑，产品不得不寻求新的定位。

小案例：

我们是第二，我们更加努力

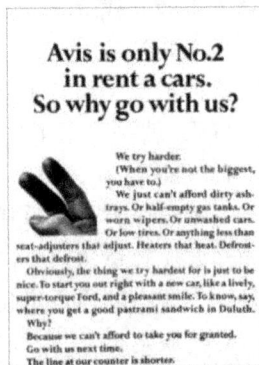

图 4 – 13

"我们是第二，我们更加努力"，这是艾维斯（Avis）出租车公司的广告定位。这是定位的经典案例，运用了逆反定位方法，见图 4 – 13。

在艾维斯出租汽车公司推出这个广告后，位居第一的赫兹（Hertz）出租公司则以挑衅意味的口气予以回击："第二名说他们更努力，比谁？"的疑问标题广告，让受众又产生好奇，自然产生更多的联想。无论是艾维斯公司，还是赫兹公司，它们其实都是掌握消费者心理的高手，这样的定位及广告竞争，真的是精彩纷呈。

【讨论题】

1. 结合具体广告案例，谈谈你对定位概念的理解。

2. 对于汇源"他、她"系列饮料的定位进行分析，讨论一下，这种定位是否合适？

3. 分析不同品牌智能手机的定位，谈谈它们是如何定位的。

【实训题】

表 4-1　实训一

实训名称	为加多宝重新定位
实训目的	通过实训使学生能够熟练运用定位方法，掌握定位步骤，提高广告定位能力
实训内容	根据背景资料，分析加多宝实际情况，按照定位步骤，运用恰当的定位方法，为加多宝企业进行广告定位
实训要求	1. 以小组为单位完成 2. 分工协作，任务明确 3. 形成定位方案，字数不少于 500 字 4. 定位方案内容包括：原定位分析、优劣势总结、新定位、新定位阐述 5. 课后完成，用时 8 课时
实训步骤	1. 认真分析所给背景资料 2. 收集更多的信息，以备使用 3. 分析原定位及优劣势 4. 按照定位步骤进行重新定位 5. 小组讨论，各成员发表个人看法，形成 3~5 个待选定位 6. 确定最终可行性定位方案，阐述定位
实训体会	

表 4-2　实训二

实训名称	关于纳爱斯"牙膏分男女，清新各不同"的定位辩论
实训目的	通过实训使学生能够深入理解定位与定位方法，掌握定位要素，提高广告定位能力
实训内容	根据背景资料，分析纳爱斯定位内容，参照定位步骤，反推纳爱斯定位，分析该定位是否合理有效，并收集相关数据和信息，佐证所得结论。最后，展开小组间的辩论，看看谁胜谁负

续上表

实训要求	1.以小组为单位完成 2.分工协作,任务明确 3.形成定位分析方案,并作为辩论依据 4.定位分析方案内容包括:细分市场、市场需求、定位方法、优劣势分析、结论、相关佐证列举 5.课后完成定位分析方案,课上完成定位辩论,用时8课时
实训步骤	1.认真分析所给背景资料 2.按照定位步骤进行推演,以验证该定位合理性 3.分析该定位优劣势 4.收集相关定位信息,作为佐证资料 5.课上辩论,切磋经验 6.确定最终获胜小组,进行点评
实训体会	

【背景资料】

神马分男女? 2010年12月,这个看似简单的问题在人人网上抛出。这一问题,唤起网民头脑风暴,在一片热烈的讨论声中,谜底于12月22日揭晓:神马分男女? 牙膏分男女(见图4-14、图4-15)。这个SNS社交网络传播创意活动,是纳爱斯集团在市场上首家推出了男女分用牙膏——纳爱斯"清新有TA"男女系列牙膏后,为其产品进行市场推广而出的第一招。据统计,在活动开展两周内,人人网上的页面已征集到6万多个答案,与此同时,在人人网的"新鲜事"状态上,就有6万多条"状态"通过新鲜事被传播开去。可以说,纳爱斯用最潮的网络语言与消费者沟通,让消费者们迅速的接受了这一概念。

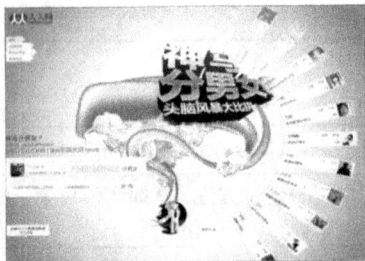

图4-14

图4-15

接下来，就是通过大众媒介，向消费者解释牙膏分男女的定位。在电视和网络同步推出了由中国台湾偶像明星彭于晏和日本名模川濑未知子出演的广告，加强消费者对"清新有 TA"的品牌认知（见图 4 - 16、图 4 - 17、图 4 - 18）。最后，开展线下新品促销，让目标消费群在终端接受男女分用牙膏的概念定位。

那么，纳爱斯牙膏的定位依据是什么呢？据说，纳爱斯男女款牙膏专门针对男女口腔护理的不同特点和需求研制而成。男款牙膏特别添加了绿茶精华和极品薄荷成分，使口腔保持强劲而持久的清新口气；女款则特别添加了复合维生素及活血的马缨丹精华，从根本上解决口气问题，使口腔保持温和而持久的清新。

图 4 - 16

图 4 - 17

图 4 - 18

（参考资料：纳爱斯：牙膏分男女　细分市场出新招　中国化妆品网 Zghzp.com 来源：CBO 独家）

第五章 广告诉求要素决策

【广告诉求要素决策流程图】

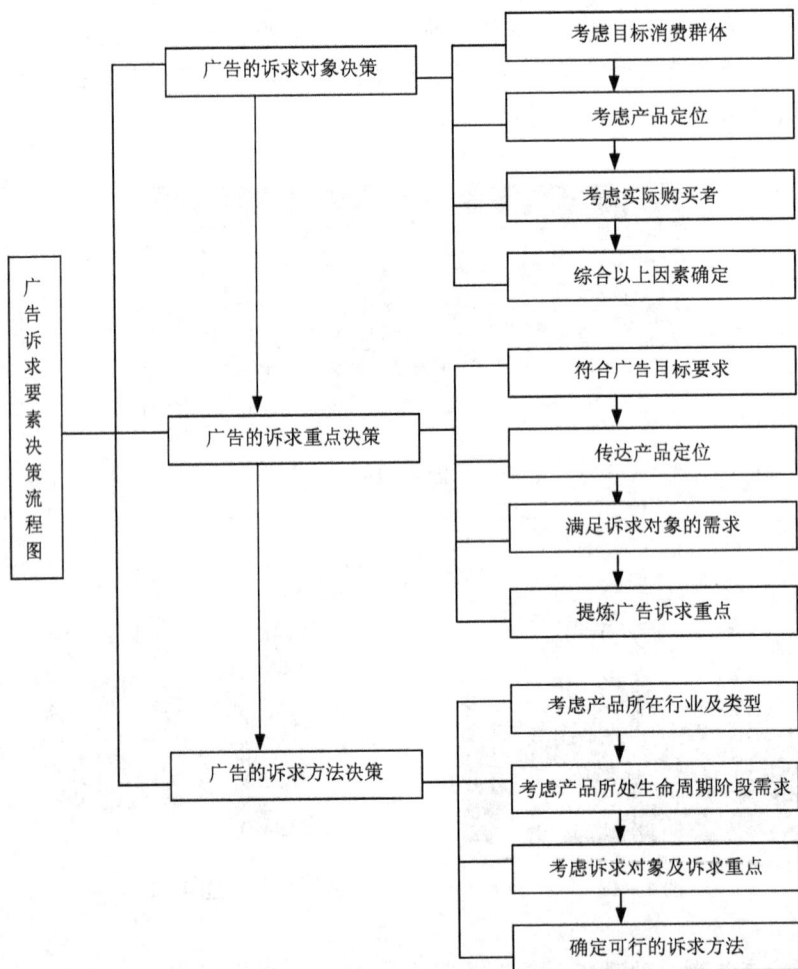

广告诉求要素决策流程图		
	广告的诉求对象决策	考虑目标消费群体
		考虑产品定位
		考虑实际购买者
		综合以上因素确定
	广告的诉求重点决策	符合广告目标要求
		传达产品定位
		满足诉求对象的需求
		提炼广告诉求重点
	广告的诉求方法决策	考虑产品所在行业及类型
		考虑产品所处生命周期阶段需求
		考虑诉求对象及诉求重点
		确定可行的诉求方法

【学习目标】

1.明确广告诉求含义，理解广告诉求与广告产品的关系。

2.熟练掌握广告诉求决策流程，能够独立完成广告诉求要素决策。

3.熟练掌握广告诉求的 USP 方法，掌握广告诉求的 ESP 方法、共鸣法，能够灵活运用广告诉求的各种方法。

【案例导入 5 - 1】

万宝路是如何向消费者诉求的?

作为世界著名烟草品牌的万宝路，为何如此令人青睐呢？看看下面的数据吧，万宝路每年在世界上销售香烟3 000 亿支，用5 000 架波音707 飞机才能装完。而世界上每抽掉4 支烟，其中就有一支是"万宝路"。这是为什么呢？是因为万宝路比其他香烟味道更好么？有人通过调查，发现了人们喜欢万宝路的重要原因。这个人是美国金融权威杂志《福布斯》专栏作家布洛尼克，他在 1987 年与助手们对 1 546 名"万宝路"爱好者展开了调查，发现了一个重要细节：烟民们真正需要的是万宝路包装带给他们的满足感，这些"万宝路"爱好者每天要将所抽的"万宝路"烟拿出口袋20 ~25 次。"万宝路"的形象已经像服饰、珠宝、手表等各种装饰物一样，成为人际交往的一个象征性标志。而"万宝路"的真正口味，反倒成为了这个产品所创造的美国牛仔形象的一种附加值(见图 5 - 1、图 5 - 2)。而这，才是人们购买它的真正动机。

图 5 - 1

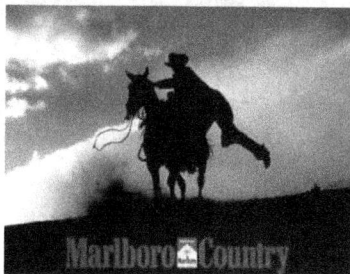

图 5 - 2

万宝路的成功，向人们展示了广告诉求至关重要的地位和作用。我们熟悉的万宝路形象是这样的：一个目光深沉、皮肤粗糙、浑身散发着粗犷、豪气的英雄男子汉，袖管高高卷起，露出多毛的手臂，手指总是夹着一支冉冉冒烟的"万宝路"香烟(见图 5 - 3、图 5 - 4、图 5 - 5、图 5 - 6、图 5 - 7)。这种广告于 1954 年问世,向广大男性烟民进行诉求,继而给"万宝路"带来巨大的财富。

图 5 - 3

图 5 - 4

图 5 - 5

图 5 - 6

图 5 - 7

可是,谁又会知道,在此之前,万宝路却是向女性诉求的呢? 莫里斯公司把"Marlboro"香烟的烟嘴染成红色,以期广大爱靓女士为这种无微不至的关怀所感动,而英文名称"Marlboro",其实是"Man always remember lovely because of romantic only"的缩写,意为"男人们总是忘不了女人的爱",其广告口号是"像五月的天气一样温和"(见图 5 - 8、图 5 - 9)。然而,从 1924 年

"万宝路"问世，直至20世纪50年代，莫里斯公司期待的销售热潮始终没有出现。因为就是这样的诉求，已将男性烟民拒之门外，而女性烟民毕竟是少数的，而且她们还有诸多顾虑：①女性对香烟的追求远不及对时装的热情，而当她们为人妻为人母时，她们会为子女做榜样而不再吸烟。②女性往往担心过度吸烟会使牙齿变黄，面色变暗，影响形象，因此消费频次及消费量会大大减少。

图5-8

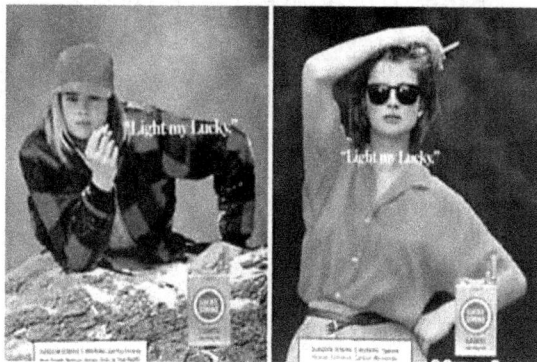

图5-9

【案例分析】

万宝路将诉求对象定位为男性消费者，运用感性诉求方法，以男子汉的世界为诉求重点，向消费者进行广告诉求。

第一节　广告诉求要素的含义

一、广告诉求的含义

1. 诉求的含义

在《现代汉语词典》(附：新词新义)中，对"诉求"的定义之一，是陈诉和请求。

我们可将诉求理解为：诉求是制订某种道德、动机、认同，或是说服受众应该去做某件事的理由。

诉求分三类：理性的、感性的和道义的。

诉求的特点是：

(1)诉求所用语句应具有强烈的感染力。

(2)诉求以愿望或需要，以引起受众关注或共鸣，最终达到引导受众行动的目的。

2.说服的含义

心理学认为，说服是通过给予接受者一定的诉求，引导其态度和行为趋向于说服者预定的方向，它作用于接受者的情感、认知和行为倾向性三个层面。其中认知是情感和行为改变的基础，而行为变化则因认知和情感的变化而产生。

3.广告诉求的含义

广告诉求是通过作用于受众的认知和情感的层面使受众的行为发生变化。

小案例：

脑白金的广告诉求

脑白金抓住了中国人注重礼尚往来的习俗，广告诉求面向年轻人，采取感性诉求的方法，推出广告口号："送(收)礼只送(收)脑白金。脑白金，年轻态健康品！"意即告诉他们，脑白金是适合于年节送给老年人的保健礼品。从而赋予了产品一种"送礼"文化的感情色彩，让人一提起"送礼"就想到脑白金，并付诸于消费行动。

二、广告诉求要素的内涵解析

(1)广告诉求是商品广告宣传中所要强调的内容，俗称"卖点"。它体现了整个广告的宣传策略，往往是广告成败关键之所在。倘若广告诉求选定得当，会对消费者产生强烈的吸引力，激发起消费欲望，从而促使其实施购买商品的行为。

(2)广告诉求是广告内容中很重要的部分，是创意性的企图。它是信息传播者为了改变信息接受者的观念，在传播信号中所应用的某些心理动力，以引发消费者对于某项活动之动机，或影响其对于某产品或服务之态度，最终表现为行为的改变。

(3)广告诉求必须明确诉求的主要对象、诉求的重点信息、诉求的方式方法。在广告策划工作中，广告的持续时间和内容是有限的，每一次广告都有其特定的目标，不能期望通过一次广告就达到企业所有的广告目的；广告刊播的时间和空间也是有限的，在有限的时间和空间中不能容纳过多的广告信息；受众对广告的注意时间和记忆程度是有限的，在很短的时间内，受众不能对过多的信息产生正确的理解和深刻的印象。

三、广告诉求与广告产品的关系

（1）在广告产品生命周期的不同阶段，广告主应制订不同的广告诉求策略。

小案例：

雕牌洗衣粉不同阶段的广告诉求对比

雕牌洗衣粉在产品生命周期的不同阶段，采取了不同的广告诉求策略。在产品导入期，雕牌洗衣粉以"质优价廉"为卖点，打出"只选对的，不买贵的"的广告口号，向消费者诉求其"实惠的价格，优良的品质"，以求在竞争激烈的家居洗护用品市场占有一席之地。明确的理性诉求，使消费者对产品有了明确的认知和了解。在产品成长期，雕牌采取情感诉求策略，推出关爱亲情、关注社会问题的广告。例如，"妈妈，我能帮您干活了"，它通过关注下岗职工这一社会弱势群体，引起消费者的共鸣，建立起贴近生活、贴近草根阶层的品牌形象。真挚的情感诉求，使消费者对雕牌青睐有加，进而产生信服，并激发了他们的购买欲望，最终付诸于购买行为。相应地，雕牌旗下相关产品连续四年全国销量第一，雕牌的市场地位有效提升。

（2）广告产品的类型及特点不同，面向的目标受众类型自然不同，广告主应制订恰当的广告诉求策略。

小案例：

孔府家酒是如何"叫人想家"的？

中国人喜爱白酒，不仅仅因为它口感好喝，还因为白酒有着悠久的历史，白酒承载着丰富的酒文化。每一个白酒品牌都有它的历史和文化，都有着各自的爱好者。有这样一个品牌叫做"孔府家酒"，它的文化就强调一个字——"家"。因为，在中国人的思想中，"家"是一个无可替代的概念。孔府家酒就抓住了中国人"爱家、恋家"的这一情感，试图去打动所有爱家之人。所以在它的广告中，始终贯穿着一个"家"字，深深地打动了消费者的心。广告音乐借助当时热播的电视剧《北京人在纽约》的主题歌"千万里，千万里，我一定要回到我的家"，搭配王姬说出"孔府家酒，叫人想家"的画面。看完这则广告，爱家之人怎能不受感动，在感动之余自然而然的就会记住是孔府家酒"叫人想家"的。

让我们看一下广告带来的效果，孔府家酒的销量迅速提升，知名度也进一步提高。而在这之前，孔府家酒在广告中诉求的是"荣获布鲁塞尔金奖，出口量居全国第一"，通过对比，我们能很明显地看出，广告诉求策略得当，对于广告的效果起着决定性作用。

这则广告在 1994 年度花都杯首届电视广告大奖赛中，一举夺得三项大奖：金塔大奖、公众大奖和最佳广告语奖。

【案例导入 5 - 2】

诉求从不是简单的事

如果你认为广告诉求是一件极其简单的事情，那么，请回答这个问题：婴儿纸尿裤应如何诉求？许多大品牌在市场实践中经历了各种难题，终于发现了诉求的奥妙之处，并恰当地实施诉求三部曲，从而取得了后来的成功。

美国宝洁公司的广告诉求经历了市场的考验，并逐渐走向成熟。宝洁最初推出婴儿纸尿裤的时候，考虑到婴儿虽然是产品目标消费群，然而并不是实际购买者，所以产品定位是"帮助年轻的母亲们减轻烦恼"，广告诉求对象确定为"妈妈"，并确定了广告诉求重点为"轻松省力"，产品亦命名为"妈妈乐"。这一诉求，迅速得到了西方年轻妈妈的认可，让宝洁公司获利丰厚。但是，当"妈妈乐"进入中国市场时，宝洁公司却经历了一次失败。中国妈妈并不像西方妈妈那样热衷于自己"快乐"，她们认为在婴儿身上追求省力，是母亲的失职。她们更介意的是婴儿的感受和舒适快乐，她们总是担心宝宝粉嫩的小屁股被包裹得密不透风。于是，宝洁公司重新审视了婴儿纸尿裤在中国市场的诉求策略，决定把"妈妈乐"改成"帮宝适"，广告诉求对象依然是年轻妈妈，而诉求重点改变为：让孩子舒适干爽，让妈妈放心。由于及时做出了诉求的调整，帮宝适在中国市场销量大增。

时至今日，竞争愈演愈烈，在纸尿裤广告中，大家都在强调"舒适、服帖、

干爽、方便行动"等诉求重点。而每年各大纸尿裤品牌都会步伐一致地更新产品材质，产品同质化趋势明显。年轻妈妈们又开始迷茫了，该选哪一个呢？

直到美国金佰利（Kimberly-Clark）旗下的婴儿用品品牌好奇（HUGGIES）在北美市场推出了新产品，尝试了新诉求，妈妈们又被重新吸引了。

图 5 - 10

广告中帅气拉风的小宝宝是这样说的："当别人还是追随者时，我已经是一哥了，因为我在'牛仔裤'里大便。"这个广告（见图 5 - 10、图 5 - 11、图 5 - 12），真可谓一鸣惊人，让那些追求时尚潮装、追求独特个性的辣妈们一见钟情。聪明的制造商，抓住了诉求对象的需求点，只是在纸尿裤旁边和背部表面，巧妙地印上了牛仔裤裤袋的图案，再加上浅蓝色的设计，让一条不折不扣的纸尿裤，化身为好奇"牛仔纸尿裤"。

图 5 - 11

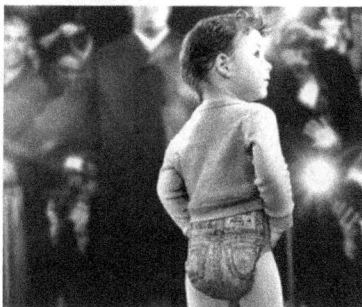

图 5 - 12

这个产品，目前已在美国、韩国、新加坡、俄罗斯和墨西哥等20多个国家销售。好奇独特的品牌形象，重新俘获了年轻妈妈的芳心，让宝宝在"安全舒适"的前提下，还能保持"帅气时尚"的形象，这样的广告诉求，着实让人心动。

【案例分析】

纸尿裤的广告诉求对象应为年轻妈妈，而广告诉求重点却应放在婴儿感受上，同时广告诉求要体现定位，诉求方法可采取情理结合诉求方法。

第二节 广告诉求要素决策的步骤

一、广告的诉求对象决策

1. 广告诉求对象的含义

广告诉求对象通常是指某一广告的信息传播所针对的那部分消费者。

2. 广告诉求对象与广告受众的概念区分

广告的受众：是指所有通过各种媒介接触到某一广告的人。

广告的受众与广告的诉求对象之间存在以下三种关系：

(1)媒介选择与组合得当，广告受众数≥广告诉求对象数。

(2)媒介选择和组合发生了偏差，广告受众与广告诉求对象互相交叉。

(3)媒介选择与组合完全失败，广告的实际受众和广告的诉求对象完全没有任何关系。

3. 广告诉求对象的决策步骤

(1)诉求对象由产品的目标消费群体和产品定位决定。

诉求对象决策应该在目标市场策略和产品定位策略已经确定之后进行的，根据目标消费群体和产品定位而做出。因为目标市场策略已经直接指明了广告要针对哪些细分市场的消费者进行，而产品定位策略中也再次申明了产品指向哪些消费者。

(2)根据产品的实际购买者决定广告最终的诉求对象。

根据消费角色理论可以知道，不同消费者在不同产品的购买中起不同作用，如：女性消费者、男性消费者、儿童及青少年的决策地位是不同的。如在购买家电等大件商品时，丈夫的作用要大于妻子，而在购买厨房用品、服装时，妻子的作用则大于丈夫。因此，家电类产品的广告应该主要针对男性进行诉求，而厨房用品的广告则应该主要针对女性进行诉求。儿童是一个特殊的消费群体，他们是很多产品的实际使用者，但是这些产品的购买决策一般由他们的父母做出，因此儿童用品的广告应该主要针对他们的父母进行。另外，家庭日常生活用品的广告越来越多地向儿童诉求，因为儿童在家庭中的影响力越来越大，往往会参加购买意见，从而左右家长的决策。

二、广告的诉求重点决策

1. 广告的诉求重点含义

广告的诉求重点是指在广告中向诉求对象重点传达的信息。

2. 概念区分

(1)广告信息的来源：所有关于企业和产品的信息。

(2)广告信息：所有通过某一广告传达的信息。

要注意广告信息的来源、广告信息及广告诉求重点三个概念的内容涵盖范围，广告信息的来源范围广泛，广告信息的内容范围有限，而广告诉求的重点只集中于某一点。

3. 广告诉求重点决策步骤

(1)符合广告目标要求。

广告的诉求重点首先应该由广告目标来决定。如果开展广告活动是为了扩大品牌的知名度，那么广告应该重点向消费者传达关于品牌名称的信息。如果广告目的是扩大产品的市场占有率，那么广告的诉求重点应该是购买利益的承诺；如果广告目的是短期的促销，那么广告应该重点向消费者传达关于即时购买的特别利益的信息。

(2)传达产品定位。

传达关于产品独特优势即产品定位的信息。

(3)满足诉求对象的需求。

应该包括诉求对象最为关心、最能够引起他们的注意和兴趣的信息。广告的诉求重点应该是直接针对诉求对象的需求，诉求对象最为关心、最能够引起他们的注意和兴趣的信息，因为企业认为重要的信息，在消费者看来并不一定非常重要。

(4)提炼广告诉求重点。

综合考虑以上三个因素，找到契合点，提炼出广告诉求重点。

三、广告的诉求方法决策

(一)理性诉求方法

1. 理性诉求的含义

理性诉求定位于受众的理智动机，通过真实、准确、公正地传达广告企业、产品、服务的客观情况，使受众通过概念、判断、推理等思维过程，理智地做出决定。

恰当的理性诉求，可以起到良好的说服效果；不恰当的理性诉求，往往会变成说教，使消费者从本能上产生抵触情绪，从而导致广告诉求失败。

2. 理性诉求广告的内容

(1)产品或服务的质量。

(2)服务的范围或产品的性能。

(3)消费者购买产品或接受服务可能获得的利益。

(4)消费者不购买产品或不接受服务可能会受到的影响。

3. 适用产品类型

理性诉求适用于那些消费者需要经过深思熟虑，才能决定购买的产品或服务，如高档耐用消费品、家用电器、电脑等。

(二)感性诉求方法

1. 感性诉求的含义

感性诉求定位于受众的情感动机，通过表现与广告企业、产品、服务相关的情绪带来冲击，使他们产生购买产品或服务的欲望和行为。

感性诉求广告不同于理性诉求广告，它以消费者的情感或社会需要为基础，使消费者首先得到一种情绪、情感的体验，即对产品的一种感性认知，这种认知，能够在无形中把产品的形象注入消费者的意识中，潜移默化地改变消费者对产品的态度。

2. 感性诉求广告的内容

(1)爱情：其中包括爱情的真挚、坚定、永恒和爱情所赋予人们的幸福、快乐、忧伤，等等。

(2)亲情：包括家庭之爱、亲人之爱及由此而来的幸福、快乐、思念、牵挂等等。

(3)乡情：包括与此相联系的对故乡往事的怀念、对故乡景物的怀念等等。

(4)同情：主要是对弱者和不幸者的同情，常常用于慈善机构的广告中。

(5)恐惧：一些广告也常常使用恐惧诉求，通过描述某些使人感到不安、担心、恐惧的事件或这些事件发生的可能，引起受众对广告信息的特别关注，从而达到广告目的。

(6)生活情趣：利用日常生活中大部分人都有切身感受的生活情趣进行诉求也是许多感性诉求广告常用的手段，这些情趣包括悠闲、乐趣、幽默等等。

(7)个人的其他心理感受：包括满足感、成就感、自豪感、归属感等等。

3.适用产品类型

感性诉求适用于装饰品、日用品、化妆品、时尚类商品，以及那些可以给消费者带来某种积极的心理感受的服务。

（三）情理结合诉求方法

1.情理结合诉求的含义

在广告诉求中，既采用理性诉求传达客观的信息，又使用感性诉求激发受众的情感，结合二者的优势，以达到最佳的说服效果。

2.情理结合诉求广告的内容

情理结合诉求的广告内容在理性内容方面侧重于客观、准确、公正，较有说服力，在感性内容方面侧重于亲切、自然、生动，使亲和性更为突出，二者结合能够最大限度地加强广告信息的趣味性和说服性。

3.适用产品类型

这一方法适用性广泛，为大部分产品所采用。

（四）广告诉求方法决策步骤

在广告策划活动中，广告诉求方法决策的步骤如下：

（1）考虑产品所在行业及类型。

（2）考虑产品所处生命周期阶段。

（3）考虑诉求对象及诉求重点。

（4）确定可行的诉求方法。

在实际操作中，根据上述广告诉求方法决策步骤，考虑不同因素的影响，可采取恰当的广告诉求方法。参照中国台湾著名广告学者祝凤冈提供的广告诉求策略模式，可做如下广告诉求方法决策，见表 5-1。

表 5-1　广告诉求方法决策模式

广告诉求可行策略方案	策略内容	应用时机	广告诉求特点	适用产品行业
密集性感性诉求	70％以上感性，30％以下理性	产品：无差异 市场：成熟期 消费者：低涉入	人物接触为主，以形象、符号为重点，创意产生共鸣	食品、航空、珠宝、香水
选择性感性诉求	50％为感性，50％为理性	产品：小差异 市场：成长期 消费者：中度涉入	产品与人物结合，创意重点在特定气氛下传播信息给消费者	烟酒业、糖果业、礼品业

续表 5 – 1

广告诉求可行策略方案	策略内容	应用时机	广告诉求特点	适用产品行业
低密度感性诉求	70%以上理性、30%以下感性	产品：显著差异市场：导入期或衰退期消费者：高涉入	以产品为图形主角，以文字、文案取胜，广告以信息为主，仍有部分感性运用来支持理性诉求	房地产、家电、电脑

【案例导入 5 – 3】

洗发水广告是如何"晓之以理，动之以情"的？

首先问你一个问题，你曾经看过多少个洗发水广告，你能通过广告认知不同品牌的功能么？你能通过广告判断该品牌是否适合于你么？如果你能，说明这个广告诉求得很成功。让我们来共同领略洗发水广告的诉求策略。

海飞丝在"晓之以理"方面可算得上高手。它去头皮屑第一品牌的优势定位在广告中发挥得恰到好处。海飞丝的诉求方法以理性为主，根据不同阶段的需要，适当地添加情感元素，调整诉求策略。

海飞丝的广告见图 5 – 13、图 5 – 14、图 5 – 15、图 5 – 16。

图 5 – 13

图 5 – 14

图 5 – 15

图 5 – 16

　　而广告代言人虽然常换常新，但一贯坚持实力派大明星代言原则。见图 5 – 17、图 5 – 18、图 5 – 19、图 5 – 20、图 5 – 21、图 5 – 22。

图 5 – 17

图 5 – 18

图 5 – 19

图 5 - 20

图 5 - 21

　　多年来广告诉求重点始终坚持"专业去屑"，并承诺推出多种去屑方案任君选择，支持这种承诺的事实是：为了让您拥有无屑秀发，海飞丝对产品进行了功能细分，更有针对性、更具体地解决头屑的细节问题。这些产品包括：深层洁净型、清爽去油型、怡神冰凉型、海洋活力型、水润滋养型、轻柔呵护型、植物净翠型、苹果清新型、活力劲爽型(奥运尊享版)、止痒呵护型、护根防掉型、黑亮强韧型、男士强根护发型、丝质柔滑型。在海飞丝的官网，洗护方案是这样完成的：首先是需求调查。题目是你的头皮状况及你的理想状态是什么，选择选项后，系统会自动弹出你的最佳产品组合。

　　同样来自于宝洁的另一洗发水品牌飘柔，则是擅长"动之以情"的好手。飘柔品牌近几年形成了稳定的感性诉求风格，广告由偶像明星罗志祥、曾恺玹代言，塑造优质情侣形象，推出了一系列飘柔浪漫爱情故事，让众多女性消费者将"飘柔爱情故事"当作影视剧集一样不断追新，并展开热烈讨论和猜想，形成了良好的品牌期待和认可，与竞争产品实现了情感上的差异化。这样的风格得到了认可，2009 年开始，飘柔又尝试推出了新的爱情主角，由周渝民、郭碧婷组合搭档的浪漫爱情故事，也获得了消费者的认可，见图 5 - 22、图 5 - 23。

　　2013 年，飘柔将爱情故事进行到底，爱情主角转向现实中的目标消费者！飘柔与"非诚勿扰"强强联合，推出了飘柔"爱转角"活动，号召女性消费者参加"爱转角女生"招募及票选，赢得"非诚勿扰"登台机会，在爱转角寻找到自己的浪漫爱情。这样的广告及活动策划，将"飘柔爱情故事"变为现实，使女性消费者更加喜爱飘柔品牌，因为它让女孩们开始改变：相信自己、相信爱，勇于追求梦想、追求爱，而梦想真的可以照进现实！见图 5 - 24。

　　晓之以理也好，动之以情也罢，只要能够达到广告目标，不妨一试。

图 5 – 22

图 5 – 23

图 5 – 24

【案例分析】

广告诉求的方法可概括为"晓之以理，动之以情"，在实际应用中，有很多种具体方法可以达到诉求目的，例如海飞丝的USP"去屑专家"，飘柔的ESP"发动，心动，飘柔"，这些方法都是对理性诉求、感性诉求、情理结合诉求等基本诉求方法的延伸应用。

第三节　广告诉求的常用方法

本节中为大家介绍几种常用的广告诉求方法，它们是广告大师们在对理性诉求或感性诉求的深入理解及实际应用中总结出来的实用方法。

一、USP(独特的销售主张)

USP(独特的销售主张)方法即是理性诉求的典型方法。

1. USP 的提出

20世纪40年代，在继承霍普金斯科学的广告理论的基础上，广告大师R.雷斯总结了自己在达彼思公司的广告实践经验，对广告策划规律进行了科学的概括，首次提出 USP(unique selling proposition)理论，即独特的销售主张，并在1961年出版的《广告的现实》(Reality in Advertising)一书中进行了系统的阐述。

2. USP 方法的运作要点

这种方法的要点可概括为：在广告中只说一句话(一个主张)，这句话(主张)是本产品区别于其他产品的独特的、有价值的功能，也是对消费者的一种利益承诺，要能够促进销售。

3. USP 方法的经典案例

由 R.雷斯策划的 M&M 巧克力豆的广告是这一方法的经典案例。

小案例：

R.雷斯在与 M&M 糖果公司总经理进行谈话时了解到：M&M 巧克力是当时美国唯一使用糖衣包裹的巧克力，于是一个新的诉求产品"独一无二"的广告很快形成。在电视广告上展示的是两只手，旁白道："哪一只手里有M&M 巧克力？不是这只脏手，而是这只干净的手，因为 M&M 巧克力只溶于口，不溶于手。"8个字独特的销售主张，将父母最担心孩子吃巧克力时容易弄脏手、脸、衣物以及不卫生的顾虑一下消除，见图 5－25、图 5－26。

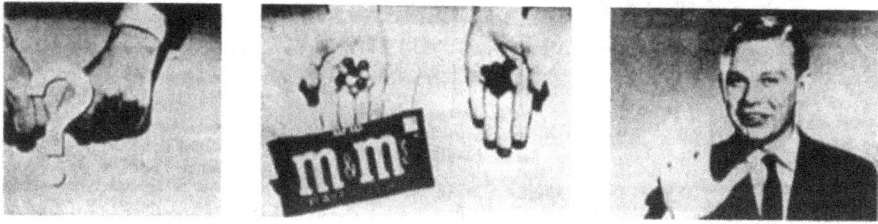

图 5 - 25

图 5 - 26

二、ESP(独特情感主张)

ESP(独特情感主张)是感性诉求的典型方法。

1. ESP 的提出

随着经济的发展,广告理论也不断地发展变化。传统的 USP 理论随着市场环境的改变,开始了其理论延伸发展的历程。一种被称之为 ESP(emotional selling proposition)的广告思想应运而生。同样是一个销售主张,只不过是其出发点不再是 R. 雷斯所强调的针对产品而想,而是转变为针对消费者情感而想,通过赋予产品某种情感和价值,向受众诉求购买产品带来的独特情感体验,挖掘商品的情感个性,与消费者进行情感沟通,实现情感差异化,而不再靠产品的品质或功能来实现产品的差异化。

2. ESP 方法的运作要点

ESP 是在广告中为品牌提出一种独特的情感主张,以此打动消费者,达到诉求目的。其要点如下:

(1)所提出的情感主张要能打动诉求对象,并能形成独特的品牌故事。

(2)这一情感主张必须能经得起时间的考验。

(3)这一情感主张必须与产品特点相关。

3. ESP 方法的经典案例

由广东英扬传奇广告公司策划的 N 自由洗发水广告是 ESP 诉求的经典案例。

小案例：

进入 21 世纪，中国洗发水产品市场最不缺的就是品牌，营销战此起彼伏，而广告战也各出新招。一个叫做 N 自由的品牌推出了由徐静蕾主演的五个"她世纪的情感故事"，将她塑造为"她世纪"的新女性形象，喊出"她世纪"女性的时代宣言："让我做主，N 自由！"

这个洗发水的广告诉求让消费者耳目一新，突破了以往以产品功能为主的理性诉求，转而以情感故事的手法来做洗发水的广告，这一举动"前无古人"，洗发水广告不展示头发却讲起故事来，洗发水广告还可以这样做么？广告向那些 18～25 岁的年轻女性诉求，讲爱情故事，剖析女性在面临情感选择时的心理，引起她们的共鸣，从而产生对品牌及产品的认同。广告所讲的五个故事分别为理发店的故事、电话亭的故事、办公室的故事、演播室的故事以及酒吧的故事，故事情节不同，然而结局全是分手告终，这种安排无疑引起了受众的热议，关于女主人公的讨论持续升温，使得 N 自由的品牌知名度迅速上升，品牌个性突出，消费者认知明确，产品销量大增，见图 5 - 27、图 5 - 28、图 5 - 29、图 5 - 30、图 5 - 31。

（参考资料：N 自由和徐静蕾·她世纪的情感故事　时间：2001 - 11 - 5中国广告人网站）

图 5 - 27

图 5 – 28

图 5 – 29

图 5 – 30

图 5 – 31

三、共鸣法

共鸣法也是感性诉求的典型方法。

1. 共鸣法的提出

在感性诉求方法中，还有一种被广泛使用的方法就是共鸣法，这种方法利用的是消费者普遍具有的一种心理特征，即通感，启发并诱导消费者的通感，唤起消费者的认同，从而能够快速的从情感上认同广告商品，并产生购买行为。

2. 共鸣法的运作要点

共鸣是要在广告中创造一种氛围，这种氛围往往是目标消费群在成长过程中曾经共同经历过的事件的再现，从而使消费者产生情感上的共鸣，达到接受产品的目的，其要点如下：

（1）运用怀旧的方法营造氛围，唤起消费者的记忆。

（2）共鸣的情感产生必须要与广告商品相关联。

（3）必须准确把握目标消费群成长过程中共同经历的事件。

3. 共鸣法的经典案例

共鸣方法应用的经典案例是南方黑芝麻糊广告。

小案例：

　　1991 年，南国影业广告有限公司为广西南方儿童食品公司制作的一则名为《怀旧篇》的广告出现在电视荧屏上，让观众集体怀旧，共同回忆童年时代，使大家不由感慨"是南方黑芝麻糊让自己找回了美好童年"。在多年后，许多人甚至养成了一边品尝黑芝麻糊，一边怀念广告画面的习惯，并甘之如饴，回味无穷。"南方黑芝麻糊哎"的叫卖声唱响了中华大地，这一缕浓香飘香了整整 20 年，见图 5 - 32。

　　南方黑芝麻糊的这个广告，如今成为经典之作，你还记得吗？"黑芝麻糊哎……小时候，听到芝麻糊的叫喊声，我就再也坐不住了。"典型的南方麻石小巷，母女俩，挑着竹担，悬在竹担前的橘灯摇晃，见图 5 - 33。

图 5 - 32   图 5 - 33

　　随着一声亲切而悠长的"黑芝麻糊咯"的吆喝，一个身着棉布布衫的少年，从深宅大院中推门出来，不停地搓手、呵气。眼中充满渴望，慈祥的大婶将一勺浓稠的芝麻糊舀入碗里。男孩搓手，咬唇，一副迫不及待的馋猫样儿。大婶递过香浓的芝麻糊，小男孩埋头猛吃，碗几乎盖住脸，男孩飞快吃光，意犹未尽小心地舔着碗底。引得一旁碾芝麻的小女孩新奇地看着他，捂着嘴笑，见图 5 - 34。

　　大婶怜爱他，又给他添上一勺，轻轻替他抹去嘴角的芝麻糊，小男孩抬头，露出羞涩的感激。此时画外音传来男声旁白：一股浓香，一缕温暖，南方黑芝麻糊。该广告画面朴实、温馨，几许乡情，几许温馨，几许关怀，几许回忆，涵盖于此。记忆里有它，现实中亦有它，浓香依旧，美味依旧。主题深刻，而情感历久弥新。

图 5-34

（《南方黑芝麻糊·怀旧篇》曾荣获全国第三届优秀广告作品一等奖及"花都杯"首届全国电视广告大奖赛金塔大奖）

【讨论题】

1. 雕牌情感诉求的系列广告中，有一则关注的是离异家庭，广告中说道："我有新妈妈了，可我一点都不喜欢她"，然后表现新妈妈对孩子无微不至的照顾，使小女孩重新获得了母爱亲情，向人们揭示了"真情付出，心灵交汇"的生活哲理，对消费者的心灵产生了强烈的震撼。结合这则广告，谈谈你是如何理解感性诉求方法的？

2. 大家都很熟悉南方黑芝麻糊的经典广告《怀旧篇》了，如果用共鸣法再次为其进行诉求决策，讨论一下，我们应该如何去做？

3. 广告受众与广告诉求对象有何区别，你能运用广告案例进行说明吗？

【实训题】

表 5-2 实训一

实训名称	为某老年人手机进行广告诉求要素决策
实训目的	通过实训使学生能够掌握诉求决策的步骤，正确选择诉求对象，准确把握诉求重点，熟练运用诉求方法
实训内容	根据背景资料，分析诉求要素，按照诉求决策步骤，运用恰当的诉求方法，为该产品进行广告诉求要素决策
实训要求	1. 以小组为单位完成 2. 分工协作，任务明确 3. 形成诉求要素决策方案，字数不少于500字 4. 定位方案内容包括：市场分析、产品定位、广告目标、目标消费群、广告诉求对象、广告诉求重点、广告诉求方法阐述 5. 课后完成，用时6课时

续表 5 - 2

实训步骤	1. 认真分析所给背景资料 2. 收集更多的产品信息及消费者信息，以备使用 3. 分析广告目标及产品定位 4. 按照诉求决策步骤，逐个要素进行分析决策 5. 小组讨论，各成员发表个人看法，形成不同意见 6. 确定最终可行性方案，阐述诉求要素
实训体会	

【背景资料】

目前中国的手机用户已超过 9.2 亿，而且仍以每年 6 000 万~7 000 万人的巨大增幅向更大的范围迅速普及。未来几年中国的手机拥有人数将达到 10 亿人。而市场上专门针对老年人的手机还处于相对空白阶段，并没有哪个企业品牌给出非常明确并强势的老年手机概念定义，应该说老年手机尚处于相对模糊的界定状态，可以看出，未来老年手机市场潜力巨大。许多品牌根据老年人的需求设计了老人专用手机，通常具有大字体、大键盘、大音量、超长待机、配备收音机、手电筒、SOS 急救键，定位等功能，价格分布在 200 元至 1 000 元之间，见图 5 - 35、图 5 - 36、图 5 - 37、图 5 - 38。

图 5 - 35

图 5 - 36

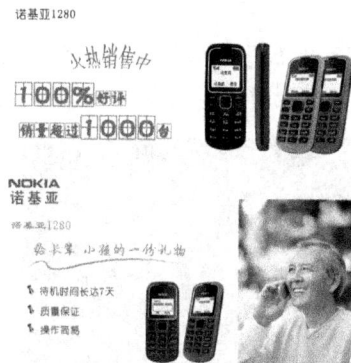

图 5 – 37

图 5 – 38

表 5 – 3　实训二

实训名称	分别使用 USP、ESP 及共鸣三种方法为海飞丝男士产品进行诉求决策
实训目的	通过实训使学生能够掌握针对同一诉求对象运用不同诉求方法，达到广告预期效果
实训内容	根据背景资料，分析诉求要素，按照诉求决策步骤，运用规定的三种诉求方法，为该产品制订广告诉求要素决策方案
实训要求	1. 以小组为单位完成 2. 分工协作，任务明确 3. 形成诉求要素决策方案，字数不少于 600 字 4. 定位方案内容包括：产品定位、广告目标、目标消费群、广告诉求对象、广告诉求重点、广告诉求方法要点阐述 5. 课后完成，用时 8 课时
实训步骤	1. 认真分析所给背景资料 2. 收集更多的产品信息及消费者信息，以备使用 3. 分析不同类型消费者需求要点，并确定不同诉求重点及诉求方法 4. 按照诉求决策步骤进行诉求决策 5. 小组讨论，各成员发表个人看法，形成 2 个以上的备选方案 6. 最终确定可行性方案，阐述方案要点
实训体会	

【背景资料】

　　面对竞争,与时俱进,海飞丝品牌于2013年1月又重磅推出全新男士专用系列产品。该系列包括强根护发型、多效水润动能型、舒缓止痒型以及活力酷爽型四款去屑洗发产品,分别针对男士不同的头皮头发的需求而打造,全新的动力锌科技使得去屑更深入、更快速、更持久。新品推广计划由代言人彭于晏领衔,广告诉求对象锁定为渴望成功,奋力拼搏,追求梦想的男性消费者,广告诉求重点不变,广告诉求方法为情理结合,广告主题演变为:从"头"定义实力男人,见图5-39、图5-40、图5-41。

图 5-39

图 5-40

图 5-41

　　(参考资料:海飞丝从头定义实力男人 彭于晏领衔新品推广计划 文章来自君子门 http://www.junzimen.com)

第六章 广告创意要素决策

【广告创意要素决策流程图】

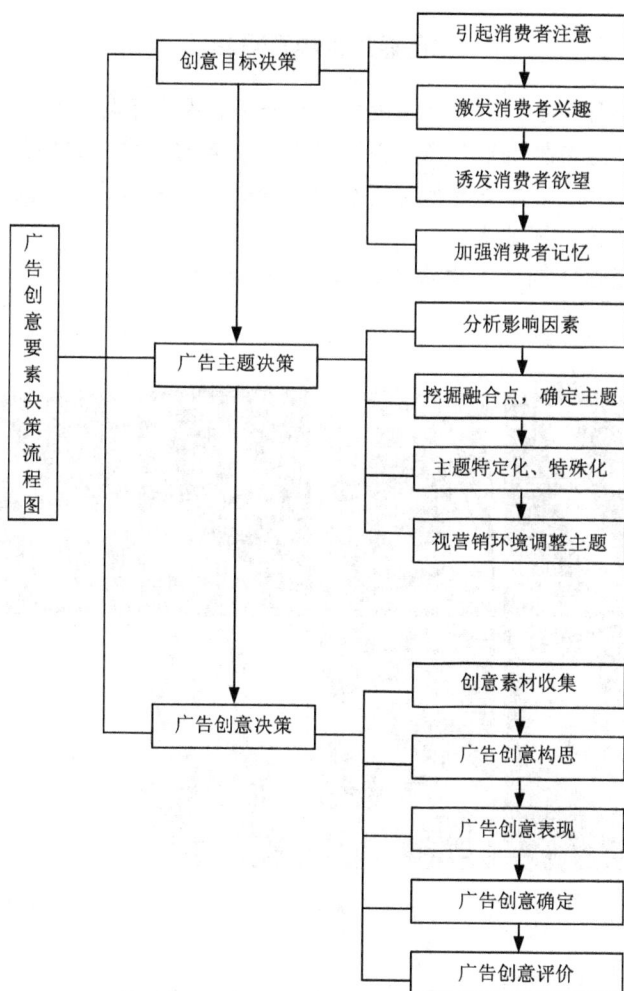

```
                              ┌─────────────────┐
                    ┌─────────│  引起消费者注意  │
                    │         └────────┬────────┘
          ┌──────────────┐             ▼
          │ 创意目标决策 │───┐ ┌─────────────────┐
          └──────────────┘   └─│  激发消费者兴趣  │
                │               └────────┬────────┘
                │                        ▼
                │               ┌─────────────────┐
                │               │  诱发消费者欲望  │
                │               └────────┬────────┘
                │                        ▼
                │               ┌─────────────────┐
                │               │  加强消费者记忆  │
                │               └─────────────────┘
 ┌───┐          │
 │广 │          │               ┌─────────────────┐
 │告 │          │         ┌─────│   分析影响因素   │
 │创 │          │         │     └────────┬────────┘
 │意 │          │                        ▼
 │要 │  ┌──────────────┐       ┌──────────────────────┐
 │素 │──│ 广告主题决策 │───────│ 挖掘融合点，确定主题 │
 │决 │  └──────────────┘       └────────┬─────────────┘
 │策 │          │                        ▼
 │流 │          │               ┌─────────────────┐
 │程 │          │               │ 主题特定化、特殊化 │
 │图 │          │               └────────┬────────┘
 └───┘          │                        ▼
                │               ┌──────────────────────┐
                │               │  视营销环境调整主题  │
                │               └──────────────────────┘
                │
                │               ┌─────────────────┐
                │         ┌─────│   创意素材收集   │
                │         │     └────────┬────────┘
          ┌──────────────┐             ▼
          │ 广告创意决策 │───┐ ┌─────────────────┐
          └──────────────┘   └─│   广告创意构思   │
                                └────────┬────────┘
                                         ▼
                                ┌─────────────────┐
                                │   广告创意表现   │
                                └────────┬────────┘
                                         ▼
                                ┌─────────────────┐
                                │   广告创意确定   │
                                └────────┬────────┘
                                         ▼
                                ┌─────────────────┐
                                │   广告创意评价   │
                                └─────────────────┘
```

【学习目标】

1. 明确广告创意含义，理解广告创意特点及原则。
2. 熟练掌握广告创意决策流程，能够独立完成广告创意要素决策。
3. 掌握广告创意的方法，能够灵活运用广告创意的各种方法。

【案例导入 6 - 1】

创意的世界真精彩

一部新车即将上市，看起来没什么大不了，因为市场上已经有很多汽车品牌，他们总是在推出新产品。而道路上行驶着的各式各样的汽车，已经让人目不暇接。那么，广告要如何创意才能吸引消费者的注意？又该如何表现才能让消费者念念不忘呢？

让我们看看下面这个广告吧。"再有 7, 6, 5, …, 1 天, 车坛将变天"，见图 6 - 1。

图 6 - 1

这部车的确做到了一鸣惊人，确实让人产生了注意和期待，让那些爱车之人迫不及待地想"一睹芳容"，它是 SAVRIN，它成功上市了！

我们不得不惊叹，创意的世界真精彩！

【案例分析】

由中国台湾百帝广告公司创意的广告堪称经典，为 SAVRIN 造势，用高调的广告标题设置悬念，采取倒计时的方式使兴趣逐天增加，形成持续关注，制造焦点话题，广告效果得以累积，印象逐渐加深，最后在谜底揭晓时，达到品牌认知的最佳状态点。广告创意中，值得一提的是，倒计时的表现元素令人耳目一新，不只是数字的罗列，而是在道路和数码之间找到与创意主题联系的切入点，以优美的视觉感受来传递倒计时的紧迫感，诱发消费者的好奇心理，激发消费者的"寻宝"体验，让人过目不忘。

第一节 广告创意的含义

一、广告创意的概念

在广告策划活动中，广告创意要素决策至关重要，它关系到广告策划活动的成败。正如美国广告大师威廉·伯恩巴克说的：创意是广告的灵魂，是"将广告赋予精神和生命"的活动。

美国广告大师大卫·奥格威也评价了广告创意的重要性，"要吸引消费者的注意力，同时让他们来买你的产品，非要有很好的点子不可，除非你的广告有很好的点子，不然它就像快被黑夜吞噬的船只"；"如果广告活动不是伟大的创意构成，那么它不过是二流品而已"；"如果海报内容没有卓越的创意，它注定要失败的"。

那么，广告创意的内涵是什么呢？在英语中，人们常常用"creative"表示"创意"，意思是"创造、创建、造成"，这是将"创意"作为动词来理解所下的定义。而当我们将"创意"作为名词来理解时，人们会用"idea"表示创意，意思是"主意、点子"，而好的创意就是"good idea"。

在汉语中，"创意"从字面理解，是"创造意象"之意，即广告创意是介于广告策划与广告表现制作之间的艺术构思活动，即根据广告主题，经过精心思考和策划，运用艺术手段，把所掌握的材料进行创造性的组合，以塑造一个意象的过程，简而言之，即广告主题意念的意象化。

综合上述观点，我们给出如下定义：从广义上讲，广告创意是对广告战略、策略和广告运作每个环节的创造性构想；从狭义上说，广告创意是表现广告主题的，能有效与受众沟通的艺术构思。

二、广告创意的特征

广告创意应具备以下特征：新颖独特、情趣生动、形象逼真、通俗易懂、升华艺术、文化特征等。

（1）新颖而独特。当今社会，广告已成为人们生活必不可少的一部分，消费者每天都接收大量广告信息，如何能让自己的广告脱颖而出，吸引消费者的注意，是好创意必备的特征。

（2）通俗而易懂。广告创意的内容，要力求通俗易懂，让受众容易理解，不知所云、晦涩难懂的广告会使消费者敬而远之。

（3）生动有情趣。情趣是产品的附加值，广告创意应创造优美的意境，将受众带入一个情趣生动的艺术境界中去。

（4）有文化特质。优秀的广告创意，不仅能快速、准确地传递商品信息，同时还应有丰富的精神内涵。

小案例：

洗衣机里的世界是什么样的？

你曾经想过这样的问题吗，洗衣机工作的时候，滚筒里面是什么样子的？是枯燥地洗衣流程，还是精彩的海洋世界呢？善于想象的、热爱生活的、有情趣的人们，一定会相信那应该是一个海底奇幻世界，那么，到底是什么样的呢？你自己不妨想一下，在湛蓝而温暖的海水中，裙子变成会游泳的水母，裤子变成小海龟，围巾变成海蛇，鞋带变成海草，袜子变成小鱼，呵呵，还有什么奇妙的情形呢？想想吧，很有趣吧，见图6-2。

你可能会问，为什么想这些，有什么用处啊？那么，再问你一个问题，如果由你来创意洗衣机的广告，你会怎么做呢？枯燥地介绍洗衣机的功能？演示洗衣机的操作方法？还是体现一家人共同洗衣做家务的场景？或者可能尝试一下完全不同的创意呢？例如，展现这个被我们忽略的洗衣机"里面"的世界呢？想想都会觉得很有挑战性吧。事实上，阿里斯顿就是这样做广告的。

图 6 - 2

三、广告创意的原则

（1）独创性。"与众不同是伟大的开端，随声附和是失败的根源"，它揭示了广告创意最根本的一项原则。独创性是广告创意最鲜明的特征。所谓独创性原则，是指广告创意中不能因循守旧、墨守成规，而要勇于和善于标新立异、独辟蹊径。

（2）实效性。"不促销，就不是创意"，正如 B&B 公司所认为的那样，广告创意的根本目的就是为了促销，因此，独创性固然是创意的首要原则，但实效性才是创意的真正目的，真正要求。

小案例：

麦当劳的鸡蛋广告牌

你知道吗，在美国芝加哥部分麦当劳餐厅门口设有鸡蛋广告牌，这个立体动态的广告牌，是专门为吸引人们购买麦当劳早餐而设计的。整个广告牌就是一只巨大的鸡蛋。每天凌晨起，鸡蛋就开始慢慢开裂，直到早餐时间完全展开露出一个新鲜的煎蛋，而蛋黄上则写有"Fresh Eggs Daily（每日供应新鲜鸡蛋)"的字样，见图6－3。

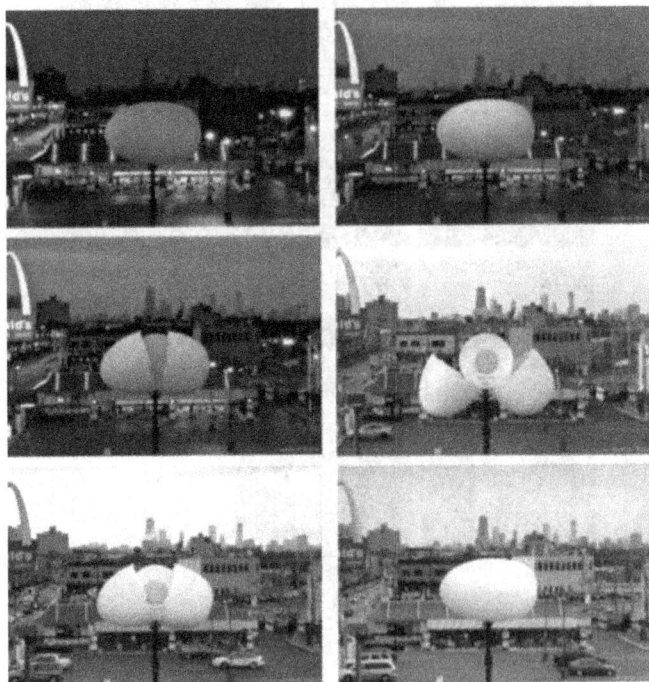

图 6 - 3

这个鸡蛋会在每天早晨6:00—10:00保持敞开的状态，提示人们该时段有新鲜鸡蛋供应。这样精彩的创意，既有独特性，又有实效性，你能想到吗？

【案例导入6－2】

一起2008，没有不可能

一起2008，可以吗？一起参与北京奥运，可能吗？或许创意可以帮你实现梦想。阿迪达斯用了三年时间，实现了"一起2008"的广告创意表现。

有人会问，为什么要"一起2008"？理由很简单，因为"需要"。阿迪达斯通过一项市场调查，发现90%的中国人都关心奥运会，尤其是北京奥运会。中国人有着强烈的民族自豪感，渴望成功举办奥运会并取得胜利，渴望世界认可中国。而在中国市场上，面对激烈的竞争，阿迪达斯渴望得到中国的认可。

阿迪达斯当时要落实在中国 650 多个城市开设 6 300 家门店（其中包括北京一家占地 1 万平方英尺的超级专卖店），并实现约 10 亿欧元（合 15.8 亿美元）销售额的营销计划。而竞争对手耐克 2008 年在中国地区的销售额蹿升了 50%，超过了 11 亿美元。中国早已成为耐克仅次于美国的第二大市场。因此，这家德国公司意图通过奥运营销帮助阿迪达斯超越耐克，获得更多的市场份额。阿迪达斯的广告目标是向世界展现中国人的民族自豪感，展现中国人的民族主义和运动精神。从而满足让世界认可中国，让中国认可阿迪达斯的需要。

阿迪达斯将几乎全部奥运电视广告预算都投在了中国，推出了以电视广告为主，辅以户外、终端、手机及网络等媒体形式的奥运广告宣传活动，这是该公司在单一国家发起的规模最大的宣传活动之一，其中的户外广告部分帮助广告代理公司 Omnicom Group 旗下驻上海公司 TBWA/Shanghai 赢得了戛纳国际广告节的大奖。

以全民"一起 2008，没有不可能"为广告主题，具体创意表现有：与女排一起 2008、与隋菲菲一起 2008、与胡佳一起 2008、与郑智一起 2008，还有2008 我们一起跑。

这个广告创意，将运动员克服压力，从头开始，再创辉煌的心路历程视觉化，并形象地展示了中国人团结一心，力挺运动员创佳绩的恢弘画面，让中国人被广告的气势所震撼，被广告的观念所打动，被广告的精神所振奋！见图 6-4、图 6-5、图 6-6、图 6-7、图 6-8、图 6-9、图 6-10。

图 6-4

图 6 – 5

图 6 – 6

图 6 – 7

图 6 – 8

图 6 – 9

图 6 – 10

　　让中国人"一起2008"，还有更真实的体验活动，阿迪达斯通过在官方网站发起网络虚拟活动"2008我们一起跑"，迎合全民奥运的主题，设计了一个普通人可以申请奥运号码牌的软件，在线申请专属于自己的奥运会号码，轻松地帮助人们实现参加北京奥运的愿望和梦想。我的号码牌是0174620，你的呢？见图6－11、图6－12。

图 6 - 11

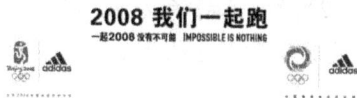

0174620

2008 我们一起跑

一起2008 没有不可能 IMPOSSIBLE IS NOTHING

图 6 - 12

中国人一起 2008，就是这样实现的！创意让一切变得简单。

（参考资料：阿迪达斯中国广告大打民族主义精神牌 奢华亚洲网络文摘 wha - asia. com）

【案例分析】

阿迪达斯的广告诉求重点一直坚持主张"没有不可能"，在贯彻广告创意要素决策时，总是有层出不穷的创意来支持这一主张。对于 2008 北京奥运，广告创意体现中国主场优势，不遗余力地展现中国民族精神和中国体育运动精神。要知道，越是民族的，就越是世界的，阿迪达斯深谙其道。

以"一起 2008，没有不可能"为主题，将中国精神与阿迪精神连接在一起，主题概念策划成功。而创意表现元素中，写意的画面处理方式展现运动之美，虚实结合的视觉表现处理，更加突出了全民奥运，一起 2008 的主题。选择了女排、胡佳、郑智、隋菲菲等中国人关注的体育明星加盟广告，使广告创意得以顺利实施。

第二节 广告创意要素决策的步骤

广告创意要素决策实际上是为广告诉求重点寻找恰当的"包装"，从而使受众更容易接受广告信息，对产品产生认同，以达到预期的广告效果。广告创意要素决策要完成为广告信息寻找有说服力的表达方式的任务，具体步骤如下。

一、创意目标决策

广告创意目标决策实质上解决的是"为什么"创意广告的问题。明确的目标是广告创意的起点，参照 AIDA 法则，广告创意的目标主要包括如下几点：

（1）引起消费者注意。广告创意，从吸引受众注意开始。正如那句话所说的"使人们注意到你的广告就等于你的商品推销出去了一半"。

（2）激发消费者兴趣。广告若想激发消费者的兴趣，要从消费者需求入手，要想消费者之所想，急消费者之所急，那么，自然就能够激发消费者的热情和兴趣。

（3）诱发消费者欲望。广告应针对人们追求时尚、享乐生活的心理，以激发人们向上的精神向往，获得理想的广告效果。

（4）加强消费者记忆。记忆是促成消费者行动的前提。因为消费者接受了广告信息后，一般都不会马上产生购买行动，只有当需要或缺少时，才会产生购买欲望，从头脑中搜索相关产品信息，因此，能够让消费者产生记忆，是获得消费者购买行为的前提条件。

小案例：

野狼摩托车巧妙吸引受众注意

如何创意才能吸引消费者的注意？看看这个广告吧。

1974 年 3 月 26 日，中国台湾两家主要的日报上刊出一则没有注明厂牌的机车广告。面积是 8 批 50 行。四周是宽阔的网线边，中间保留成一块空白。空白的上端，有一则漫画式的机车插图。图的下面，有 6 行字。内容是"今天不要买机车。请您稍候 6 天。买机车您必须慎重地考虑。有一部意想不到的好车，就要来了"。

次日继续刊出这则广告，内容只换了一个字："请您稍候 5 天。"这天的广告引起了反应。同业们打听到是三阳的广告，于是纷纷向三阳发牢骚，询问："为什么这两天叫消费者不要买机车？"因为，每一家机车店的营业额都减少了。

第三天，继续刊出这则广告内容重点仍只换了一个字，改为："请您再稍候 4 天。"这天的广告，又引起了反应，是广告主本身的各地经销店，都抱怨生意减少了。

第四天，内容取消了"今天不要买机车"一句，改为"请再稍候 3 天。要买机车，您必须考虑到外型、耗油量、马力、耐用度等。有一部与众不同的好车就要来了"。这天的广告，又引起了反应。广告主所属的推销员们，大叫"受不了"。这几天的广告，影响了他们的推销数量。这三天中里里外外的反应，使得广告主自己也有挡不住的感觉，几乎想中止这预告性的广告。广告代理业方面的专案小组负责人，则苦苦劝广告主，要忍耐、要坚持。

第五天的广告，内容稍改为："让您久候的这部无论外型、动力、耐力、耐用度、省油等，都能令您满意的野狼一二五机车，就要来了。烦您再稍候两天。"

第六天的广告，内容又稍改为："对不起，让您久候的三阳野狼一二五机车，明天就要来了。"

第七天，这种新产品正式上市，刊出全页面积的大幅广告。果然造成大轰动。广告主发送各地的第一批货几百部，立即全部卖完。以后，接连不断地畅销，累得若干地区的经销商，自己派人到工厂去争着取车，以应付买主的需要。"野狼"形成市场中的热门货。经销商的销售信心大增。广告主在市场中的声誉，也随之大大改观。广告主以往所出产的其他型机车，销路也连带着越来越好。为了实现吸引人的创意目标，可以充分利用人们的好奇心理，先把问题设置好，让大家去猜测、去关注，然后到一定的时候再把答案给出来，通过自问自答的方式，一步步吸引受众的注意、兴趣、欲望，并形成持续的记忆。

事实上，代理的广告公司事先对市场进行了周密调查，发现中国台湾全省每天只有 200 部机车的成交额。让消费者停止购买活动 6 天，至少可积存 700 部至 800 部的成交额。"野狼"上市后，一定可以从中争取不少的份额，自然形成畅销的高潮，使好奇与期待心理积蓄成势，是创意成功的奥秘，也是创意目标实现的有效途径。

（参考资料：野狼摩托车营销方案，业界堪称出神入化　2010 年 9 月 22 日　蓝图设计网）

二、广告主题决策

广告主题决策实质上是解决广告创意"说什么"的问题。广告主题的决策也是对广告诉求重点的第一层"包装"。

广告主题即广告信息所要传达的是什么样的中心思想，这个中心思想应该使广告受众对广告信息要说什么有直观的、深刻的印象。广告主题确定的步骤如下。

1. 分析三个方面的影响因素

影响广告主题决策的因素包括：广告目标、广告诉求重点和消费心理。

首先要力图达到广告目标对广告主题的要求，帮助实现广告目标。其次，要围绕广告诉求重点，与广告诉求重点一致。最后，要分析目标消费者心理，以消费者易于接受的方式确定主题的表达。

2. 挖掘以上三点的融合之处，确定广告主题

3. 注意避免两种失误：主题的分散化和主题的同一化

(1)主题分散化失误：即在一段时间内产品的广告主题经常变化，甚至在一则广告中也存在多个主题，让消费者无法领会广告到底要说什么。

解决这个问题的方法：是主题的特定化，即在众多待选主题中，寻找出最适合受众的需求心理，能够对受众产生最大作用的主题作为广告的最终主题的过程。

(2)主题同一化失误：同类产品或不同产品的广告主题经常出现相同或相似的情况。

解决这个问题的方法：是广告主题的特殊化，即注意主题与其他产品广告主题相区别，并具有独特性，这样才能吸引消费者的注意力。

另外，在实际操作中，可采用概念策划的方法确定主题。这种方法是在广告中提出一种新的概念，使消费者的观念发生改变，引导新的消费趋势。

4. 根据营销环境变化，随时调整广告主题

小案例：

N 自由洗发水如何使主题特定化与特殊化

由广东英扬传奇广告公司策划制作的 M 自由洗发水广告曾入选龙吟榜 2003 影视佳作。这个系列广告共五篇，广告主题特定化为"让我做主，N 自由!"通过五个不同的故事来表现这一主题，全面深刻地诠释了这个主题。另外，既然是 ESP 主张，那么这个主题自然是特殊化的，而五个创意故事的实施，使这个特殊化的情感主张得以站稳脚跟，并与其他竞争对手明确区别开来。这五个故事如下所述。

理发店的故事：徐静蕾飞快地冲进理发店，猛地跌坐在椅上，表情冷漠，嘴角冷冷吐出几个字"剪得越短越好!"显然是刚和男友分手。她的固定理发师被她的举动吓了一跳，无可奈何地说："好吧……"随着剪刀在她的头上飞快地跳动，一缕缕碎发掉落，许静蕾两眼紧闭，泪水从眼角滑落，显得非常痛苦……当她慢慢地睁开眼时，发现镜中自己的头发并没有被剪短，只是剪得更加齐整而已，她冲着理发师微微一笑："这样也挺好，对吗?"理发店门

口，徐静蕾一甩头，转身潇洒而去……

　　电话亭的故事：都市一角，徐静蕾的男友撇下一句话："你要等就等吧！"扭头而去，她静静地看着他离去的身影："我会的，我会的……"时光飞逝，夜晚，清晨，风里，雨里……她都静静地站在那儿等他，当他再一次出现时，满含深情的对她说："我爱你！"徐静蕾微微一笑："我也爱你！再见！"同样是转身潇洒而去……

　　办公室的故事：办公室内，徐静蕾深情地拿起上司桌上的家庭合照，突然，她心仪的上司出现在他面前，令她措手不及，"喜欢他……直到最近听说他和她要分开……"一天，上司静静地对她说："下班后，和你谈谈好吗？"她微微一笑，从身后拿出一封信放在桌上，那是一封辞职信！"其实，我只是喜欢暗恋他的感觉……"办公室门口，她转身潇洒而去……

　　演播室的故事：徐静蕾神色黯然地挂上手机："就这样吧……"她整了整衣服，开始她的天气播报："一股强冷空气南下到达我市，预计12小时内将会有暴雨。整个暴雨过程将持续2到3天……"徐静蕾很有感触地一转话音："我们将用雨水冲刷已经燃尽的爱情灰烬，我相信，雨过天晴之后的一切将会比原来更加美好……"坐在家中的男友手中拿着电话，对电视中她的播报感到无比惊讶，而电视台中的导播也连忙示意切放画面……雨中，徐静蕾转身潇洒离去……

　　酒吧的故事：酒吧内，一个长发的吉他手深情弹唱，引起叫好声阵阵，吉他手深邃的眼神和徐静蕾不期而遇，她有点被他打动，在一片赞叹声中，吉他手不顾旁人的示好，一路走到她面前："你知道吗？你很特别！"她微微一笑："你知道吗？我不喜欢长发的男孩！"徐静蕾一甩头，仍然潇洒而去……

三、广告创意决策

　　广告创意决策实质上解决的是广告创意"怎么说"的问题，广告创意的决策也是对广告诉求重点的第二层"包装"。

　　根据詹姆斯·韦伯·扬对广告创意过程的阐述，可以将广告创意的过程概括为"创意五步曲"。

　　1.广告创意素材收集阶段

　　（1）日常素材收集可采用剪贴本和记事本两种方法。我们要像奥格威、李奥贝纳等广告大师那样，养成平时收集创意素材的好习惯。用剪贴本收集优秀的广告作品，用记事本记录感兴趣的事、新奇的想法，保不准什么时候就用到它。

（2）接受具体广告任务时可以采用如下方法收集素材。首先，依据市场分析、消费者分析、企业和产品自身分析及竞争对手分析结果得到相关信息；其次，从日常积累素材中找到相关资料。

2. 广告创意构思阶段

分析已有素材，找寻各信息之间的联系，制订创意策略方案，产生创意构想。

这一阶段可能要持续很长时间，直到"尤里卡效应"的产生。要注意劳逸结合，在思考一段时间后，仍得不到结果时，应当进行适当的休息和放松，因为灵感可能会在放松的过程中突现。

3. 广告创意表现阶段

当创意灵感闪现后，要及时捕捉并记录下来，将创意不断发展，形成初步的文案。

4. 广告创意评价阶段

当自己找不到更多建议时，将创意交给其他同事，吸取他人意见，进一步完善创意。

5. 广告创意确定阶段

经过以上步骤，创意基本确定下来，形成创意说明，进而撰写正式的广告文案。

小案例：

中华汽车如何"以真情上路"？

如果我问你，这世界上最重要的一部车是什么？如果我问你，这世上哪一条路最长？你会怎么回答呢？答案或许会有很多，但是这样的答案只有一个，那就是"真情"的答案，是中华汽车的答案，也是许许多多追求梦想、注重亲情、热爱生活、体验生活的人们想说的答案。这个答案是：如果你问我，这世界上最重要的一部车是什么？那绝不是你在路上能看到的。我觉得，这世界上最重要的一部车是——爸爸的肩膀。如果你问我，这世上哪一条路最长？那绝对不是在地图上能找得到的。这世上，最长的路写在妈妈的脸上。

说到这里，你有同感吗？中华汽车想告诉我们的是什么？那就是"中华汽车，以真情上路"。表现父爱的创意是"爸爸的肩膀"篇，表现母爱的是"最长的路"篇，内容如下：

爸爸的肩膀篇

如果你问我，这世界上最重要的一部车是什么？那绝不是你在路上能看到的。

30年前，我5岁，那一夜，我发高烧，村里没有医院。爸爸背着我，走过山，越过水，从村里到医院。爸爸的汗水，湿遍了整个肩膀。我觉得，这世界上最重要的一部车是——爸爸的肩膀。

今天，我买了一部车，我第一个想说的是："阿爸，我载你来走走，好吗？"

广告语：中华汽车，永远向爸爸的肩膀看齐。

最长的路篇

如果你问我，这世上哪一条路最长？那绝对不是在地图上能找得到的。十月，妈妈怀我的那个十月，时间不长，却是我生命的第一步。在我长大的过程中，跌倒了，总有人扶。如今，我有了孩子，我才知道，这世上，最长的路写在妈妈的脸上，中华汽车，陪您走人生的每一条路。

从创意的角度来分析，中华汽车的诉求对象是那些经历过生活坎坷并奋斗成功的中青年，诉求方法是情感诉求，广告诉求重点是情感主张——亲情助你成功，对于这个诉求重点的包装，第一层是广告主题——以真情上路，第二层是广告创意，也是最难的一个环节，怎么讲这个情，讲这个故事呢，亲情，最重要的就是父爱和母爱，只要找到诉求对象童年记忆中共同的事件就可以了，例如，父亲背孩子去医院看病、母亲给女儿拔牙等等。中华汽车将这些最真挚的情感展现了出来。

【案例导入6-3】

意料之外，情理之中——好创意的标签

如果让你以"节约用水"为主题进行公益广告创意，你会怎么做？

你一定会先在脑海中搜索一下，回忆以前看到过的创意，可能会想起"节约用水，人人有责""水——生命之源！""请节约每一滴水，否则世界上的最后一滴水将是您的眼泪""节约水资源，生命真永远！""现在，人类渴了有水喝；将来，地球渴了会怎样？""爱惜生命之源，'关'住点点滴滴"等很多广告语，接下来，如何创意，也要写一句广告语还是可以有别的选择？

不如看看下面这个广告，你会得到什么启发呢？见图6-13。

呵呵，2050年的"杯子"么，倒过来用的，这个创意真的是出乎意料啊，

然而细细品味之后，只能感叹：合情合
理，佩服！无须多言，一目了然，而后心
领神会，如果将来的杯子是这样，真的
要节约用水了。

　　让我们也来放松一下吧，做一个关
于"水"的发散联想，想想那些不起眼的
旧元素，例如杯子、蓝色、黄色、污染的
水，等等，也许好创意就在里面，正等待
你去发现。

【案例分析】

图 6 - 13

　　这就是一个好的创意，可能还会有其他的好创意，但是不管用什么方
法，如何创意，你会发现，好的创意，它们有一个共同的特点，那就是——意
料之外，情理之中。意料之外说的是新颖独特，别出心裁，情理之中说的是
合乎逻辑、合乎情理。

第三节　广告创意要素决策的方法

一、头脑风暴法

　　头脑风暴法又叫脑轰法、脑力激荡法、集脑会商思考法。按韦氏国际字
典的解释，是指"一组人员通过开会的方式将所有与会人员对特殊问题的主
意，聚集起来以解决问题"。是由美国 BBDO 广告公司负责人奥斯本于 20 世
纪 40 年代提出的。他依靠的是集体的智慧和力量，故有人又将之称之为集
体思考法。自从奥斯本提出此法后，该法在美国广告界及工业界风行一时。

　　1. 头脑风暴法的含义

　　头脑风暴是一种智力激励方法，是一种广告会议创意手段，在寻找广告
创意时经常使用。

　　2. 具体做法

　　(1)与会人数以 10 人左右为佳。人员包括半数以上的广告专业策划人、
市场调查人员、客户经理、客户代言人甚至与专业不相干的有心人。

　　(2)会议设主持人 1 名，记录员 1~2 名。

　　(3)会议时间控制在 20~60 分钟为宜。

（4）每次会议的目标要明确，会议主持人公布"问题"后，与会者围绕议题可以任意发表自己的想法。

3．应遵循的四个原则

（1）严禁批判。无论是批评或是反对意见均会影响创意的积极性或扼杀创意于摇篮中，因此，要以激发、保护创意为主，反对批评。

（2）畅想自由。冲破固有观念约束，无任何权威所限，创造和睦融洽的会议气氛，畅所欲言，促进从不同角度提出见解。

（3）追求数量。数量目标的实现，反过来是对上述两点的促进，更重要的是量变是质变的前提。

（4）谋求他人创意的强化与综合。鼓励在别人见解的基础上进行发挥与改进，使其趋于完善或者发展为新的见解。

4．注意事项

在有"头脑风暴法"实施前，与会者应达成如下协议：

（1）参加会议的人员一旦确定下来，就不存在等级、身份之分，一律平等相待，自由发挥 。

（2）对会议中提出的任何思想、观点、问题都不作议论，绝不允许批评或指责别人的设想。

（3）提倡异想天开、自由思考，鼓励与会者把随意想到的任何东西"从脑袋里抖搂出来"，设想越多越离奇，越应该表扬和鼓励。

（4）不允许用集体提出的意见来阻碍个人的创造性思维。

（5）可以用别人的想法来刺激自己的灵感，但必须有"创意"。

（6）个人提出的设想，不论如何离奇，一律记录在案。

小案例：

百事可乐用头脑风暴挑战广告创意

在美国近一个世纪的可乐大战中，百事可乐和可口可乐的广告大战是最为精彩的。可口可乐为了争夺百事可乐的新一代，决定推出新配方的可乐，没想到竟然伤害了老可乐的感情，在美国引起了一场轩然大波。百事可乐抓住这一良机，投入600万美元广告费，委托BBDO公司制作一系列的反击广告。下面是BBDO在头脑风暴会议上的记录。会议讨论方向：为可口可乐的顾客着想。

"选一个男孩做主角？"

"选一个女孩，一个男孩对一种可乐感到失望只表示他无能。"

"倘若一个姑娘为一种可乐背弃的话，她就像在舞台上无人理睬一样。"

"应使这个遭冷遇者显得更可怜一些。"

"一个坏女人的儿子真令人心碎。"

"他正对着摄像机说话。"

"带给可口可乐的口信。"

"与其他可口可乐的对话。"

"不，她应该对在场的所有人讲，那些人可能回答她的问题。因为她很可悲，她甚至遭到了拒绝。"

"他们何以如此对待她？"

……

最后的脚本是：一位女孩站在可口可乐的罐子上，显得很难过。"有谁能告诉我她们为什么这样做吗？他们说过他们的产品都是真货色。但后来他们却突然变化了。"如今他找到了百事可乐，当她喝了一口后，显现出非常惊奇的神色，并感到极为满意。他对镜头说："现在我可明白了。"百事可乐这种咄咄逼人的广告攻势，获得了巨大成功，把更多的顾客吸引到百事可乐上来。

二、二旧化一新法

亚瑟·科斯勒提出了"二旧化一新"的方法，它是在研究人类心智作用对创意的影响时提出的一种构思。这种被称之为"创意的行动"的构想，在实践过程中对创意的构想和发展影响很大，因而，人们也就把它当作一种实用创意方法，广泛应用。

所谓"创意的行动"，其精神实质也就是"二旧化一新"。它的基本含义是：新构想常出自两个想法相抵触的结合，这种结合是以前从未考虑过、从未想到的。也就是说，两个原来相当普遍的概念，或两种想法、两种情况、甚至两种事物，把它们放在一起，结果会神奇般地获得某种突破性的新组合。有时即使是完全对立、相互抵触的两个事件，也可以由"创意的行动"和谐地融为一体，成为引人注目的新构想。

二旧化一新，相反相成，并不是毫无原则地捆绑不同的事实或概念，而是要找到连接的"桥"，再运用非凡的想象力，使两者的关系更加密切深刻，使观者产生共鸣和吸引力，这才达到创意的目的。现实生活中，相异的事实比比皆是，发挥你的想象力和洞察力便可获得创意的灵感。

小案例：

北京晚报广告创意

北京晚报巧妙地将"晚报"的报纸类型与"不晚报"的新闻时效性两个旧元素，矛盾地重组为一体，形成了一个全新的创意——晚报，不晚报。简单明了，直入主题。接下来，从四个方面验证：生活、时尚、新闻、真实皆不晚报。这个创意，令人回味无穷，见图 6 – 14、6 – 15、6 – 16、6 – 17、6 – 18。

图 6 – 14

图 6 – 15

图 6 – 16

图 6 – 17

图 6 – 18

三、广告创意策略方案

可以通过制订广告创意策略方案指导广告创意，为广告创意提供可行性建议。广告创意策略方案的内容如下。

1. 问题点（品牌面对的重要事实）
2. 主要的营销问题
3. 广告的目的
4. 广告创意策略
(1) 目标市场界定
① 人口统计学描述。
② 地理描述。
③ 目标消费者心理描述。
④ 目标消费者媒体接触形态描述。
(2) 主要竞争对手分析
(3) 利益点（可对消费者的承诺）
(4) 支持点

小案例：

"李施德霖"锭剂广告策略方案

"李施德霖"锭剂广告策略
（目标群体是用一个有代表性的消费者来代表的）

一、重要事实

一项最近的消费者调查研究显示，消费者并不相信李施德霖锭剂对解除暂时性喉头炎有效。

二、主要的行销问题

本门类的品牌销售及品牌知名度在去年中下降。李施德霖要位居领导品牌，就必须改善品牌之功效地位以增加现有市场占有率并启动品牌需求。

三、传播目的

使患有暂时性喉头炎的人士，确信李施德霖对解除暂时性喉头炎是最有效的产品。

四、创意策略

1. 潜在消费者之界定

（1）地理特性：

爱丽思住在内布拉斯州的格蓝岛市，C级郡县，非标准都会统计区域。

（2）人口统计特性：

女性、白人、年龄23岁、在外工作、非家庭主妇、赁屋而居、单身、高中毕业或读过大学、家庭收入12 500美元。

（3）心理图示：

非职业女郎、独立、选品牌名称的购买者、关心健康、自己买药吃、经常忙忙碌碌。

（4）媒体形态：看大量电视/读大量杂志、大多数看黄金时段电影、看大量晚间电视节目（例如强尼卡森主持者）、属于Cosmo及McFadden杂志描述之团体、热衷摇滚乐广播、很少看报纸。

（5）购买/使用形态：

在食品店或药店买锭剂，需要时即买，在每年10月至次年4月用量最大、并不购存、只买一单位、对品牌有相当忠诚、期待解除痛苦。

2. 主要竞争

把李施德霖定位为此一门类的领导品牌，以对其他像Sucrets及Cepacol等其他高价位、医疗用锭剂竞争，但不对喉片竞争。

3. 承诺

李施德霖锭剂是特别处方，以两种途径来解除暂时的喉痛：

（1）提供麻醉剂，以舒缓发炎之喉肌而解除痛苦。

（2）以杀菌消毒的作用攻击暂时性病痛原因。

五、部门/公司要求事项

任何及一切健康或有关健康的说辞，都一定要有实验室证据的支持。

【讨论题】

1. 詹姆斯·韦伯·扬（James Webb Young）在《创意妙招》（*A Technique for Producing Ideas*）中概括了广告创意的定义：一个创意只是一些老材料的新组合。那么，你是如何理解的呢？说说自己的看法。

2. 头脑风暴法在实际应用中有很多改进和加强，例如德国人提出的默写式头脑风暴法，日本人高桥诚根改良的CBS方法，甚至还有美国热点公司开发的逆头脑风暴法，讨论一下，你能谈谈自己的改良意见吗？

3. 万宝路所创造的"男人的世界"，在全球各国进行广告宣传，你认为是否可将"牛仔"形象推广到所有国家？在中国，万宝路的男人形象，应该是如何进行广告创意，才能既不背离原有主题，还能为中国男性消费者所接收呢？

【实训题】

表 6 – 1 实训一

实训名称	为治理"中国式过马路"进行公益广告创意
实训目的	通过实训使学生能够正确运用头脑风暴法进行广告创意
实训内容	根据背景资料，分析创意要素，按照创意决策步骤，进行头脑风暴，为该公益广告进行创意要素决策
实训要求	1. 以小组为单位完成 2. 分工协作，任务明确 3. 形成创意要素决策方案，字数不少于 500 字 4. 定位方案内容包括：广告目标、受众心理分析、广告诉求对象、广告主题、广告创意说明阐述 5. 课上头脑风暴，课后完成方案，用时 8 课时
实训步骤	1. 认真分析所给背景资料 2. 收集更多的信息，以备使用 3. 分析创意目标及广告主题 4. 按照创意决策步骤，逐个要素进行分析决策 5. 小组头脑风暴，各成员发表个人看法，形成不同意见 6. 确定最终可行性方案，阐述创意要素
实训体会	

【背景资料】

2012 年 10 月 10 日遨游哈哈用户"中正平和"发表笑话："中国式过马路"，就是"凑够一撮人就可以走了，和红绿灯无关"。2012 年 10 月 11 日，网友"这个绝对有意思"在微博发消息称："中国式过马路，就是凑够一撮人就可以走了，和红绿灯无关。"微博还配了一张行人过马路的照片，虽然从照片上看不到交通信号灯，但有好几位行人并没有走在斑马线上，而是走在旁边的机动车变道路标上，其中有推着婴儿车的老人，也有电动车、卖水果的三轮车。这条微博引起了不少网友的共鸣，一天内被近 10 万网友转发。中国式过马路，是网友对部分中国人集体闯红灯现象的一种调侃，即"凑够一撮人就可以走了，和红绿灯无关"。出现这种现象是大家受法不责众的"从众"心理影响，从而不顾及交通安全。"中国式过马路"一经网络传播，立刻引发网友对交通、国民素质和安全意识的讨论。对于这样一种现象,我们应当如何治理呢?大家不妨想想如何创作公益广告来引导市民,向大家宣传正确的过马路方式,见图6-19、图6-20。

图6-19

图6-20

(参考资料:中国式过马路 百度百科)

表6-2 实训二

实训名称	以"家"为题目进行公益广告创意
实训目的	通过实训使学生能够掌握广告创意决策的步骤,正确分析受众心理,准确把握广告主题,熟练运用创意方法
实训内容	根据背景资料,分析创意要素,按照创意决策步骤,运用恰当的创意方法,完成创意任务
实训要求	1.以个人为单位完成 2.按照创意决策步骤完成任务 3.形成创意要素决策方案,字数不少于500字 4.定位方案内容包括:广告目标、广告诉求对象、广告主题、广告创意方法、广告创意说明阐述 5.课后完成方案,用时6课时
实训步骤	1.认真分析所给背景资料 2.收集更多的信息,以备使用 3.分析创意目标 4.按照创意决策步骤,逐个要素进行分析决策 5.运用二旧化一新法,展开思维发散,进行创意联想,得到创意 6.确定最终可行性方案,阐述创意要素
实训体会	

【背景资料】

小时候，爸爸是家里的顶梁柱，高大魁梧的他为我们遮风挡雨；妈妈是典型的贤妻良母，相夫教子。长大后，少不更事的我总想挣脱爸爸的束缚，屡次顶撞唠叨的妈妈。岁月荏苒，光阴似箭，有一天突然发现爸爸的背已经驼了，妈妈的身体已经臃肿塌陷。我想，是时候尽一份子女的责任了，悉心呵护起这个家：给父亲一个依靠的臂膀，做他贴身的拐杖；为母亲撑起一把庇护伞，遮蔽盛夏的骄阳。朋友，快对你的爸爸妈妈说一句吧：爸爸妈妈我爱你！Father and mother I love you！家，有爱就有责任！"

这是张德元创作的"family"公益广告的文案。他是一名刚毕业的大学生，目前在浙江一家影视公司从事后期制作。2008 年，张德元就已经完成了这个 Flash 作品，2010 年，张德元将作品正式命名为"爱的表达式"，2011年，他将广告寄给央视，获得了 CCTV 公益广告创意大奖。《爱的表达式》通过对于英文单词"family"字母演变，诠释了"家"的温情与内涵。张德元称，很多人都对 FAMILY 这个英文单词做这样的理解——father and mother I love you，自己希望从中国文化的角度出发来挖掘这个外来词的中国内涵，于是就有了作品中将字母幻化成大树、拐杖、雨伞等形象，见图 6-21。

（参考资料：用心诠释 用爱表达——访公益广告创意人张德元　转自中国电视报 记者 司楠）

图 6-21

第七章　广告媒体运作

【广告媒体策划的基本流程】

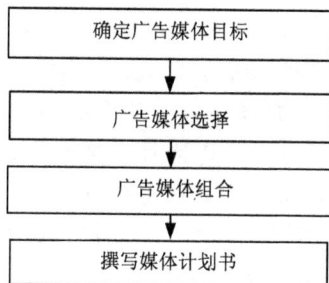

```
┌─────────────────────────┐
│      确定广告媒体目标      │
└─────────────────────────┘
            │
            ▼
┌─────────────────────────┐
│       广告媒体选择        │
└─────────────────────────┘
            │
            ▼
┌─────────────────────────┐
│       广告媒体组合        │
└─────────────────────────┘
            │
            ▼
┌─────────────────────────┐
│       撰写媒体计划书       │
└─────────────────────────┘
```

【学习目标】

1. 掌握广告媒体策划的流程，提高媒体策划能力。

2. 了解广告媒体的分类，认识各类媒体的特点，并根据其特点选择适当的广告媒体。

3. 掌握评估广告媒体的标准，深入了解媒体选择、媒体组合的相关知识。

【案例导入 7 – 1】

百威广告的成功秘诀

世界啤酒市场一直是竞争十分激烈的一个领域，市场领导者的角色不断在更换。在这种拉锯战中，策略上稍有失误，胜利即很容易落入他人之手，即使一年间小小的差异，也会影响到企业未来长期的利益。

百威啤酒是在美国及世界最畅销的啤酒，长久以来被誉为"啤酒之王"，居于啤酒业的霸主地位。百威之所以成功，除了是美国首屈一指的高品质啤酒外，其卓越的市场策略和广告策划也非常重要，百威啤酒成功地进军日本市场即可看出这一点。

　　百威啤酒能取得成功首先在于把握了日本年轻人市场的变化，特别是确立了以年轻人为诉求对象的广告策略。日本经济高速发展，使居民的消费水平空前高涨，日本年轻人变得更有购买力，有更多的时间去追求自己喜爱的事物，新奇而又昂贵的产品很吸引他们。百威即把重点放在广告杂志上，专攻年轻人市场，并推出特别精致的激情海报加以配合。

　　百威啤酒广告在表现上运用了扣人心弦的创意策略，即将百威啤酒融入美洲和美国的气氛中，如辽阔的大地、沸腾的海洋或宽广的荒漠，产生一种震撼感，给人留下深刻的印象。

　　在媒体选择上逐年扩展到海报、报纸、促销活动。1984年开始运用电视媒体，为配合大众媒体的广告宣传，针对年轻人市场成功地举办了很多活动，如举办第三届新港爵士音乐、邀请百威棒球队到日本访问等，这些活动都吸引了大批的年轻人，扩大了产品的影响力。

　　百威啤酒推出了多种不同的广告，一直都能博得消费者的好感，尤其是海报更受到人们的青睐，甚至成为收集品。其中一张绘有夏威夷风光的海报，1984年在纽约广告竞赛中获奖。为了确保广告效果，百威授权给有责任感的日籍员工来判断广告的影响力，并同意用日本的方式，选择最具有强烈诉求的语言进行表现，因而更有的放矢达到目标。

【案例分析】

　　1. 现代媒体是广告传播效果的倍增器，一个成功的商品背后必然有着成功地广告宣传和媒体运用。

　　2. 百威啤酒成功进军日本市场的原因是多方面的——精准的消费者划分与分析，明确的广告目标，有针对性的广告创意，选择合适的广告媒体。百威啤酒成功的事实再次证明，进行针对性广告创意，选择合适的广告媒体，就一定能获得产品销售的成功。

第一节　广告媒体目标

【案例导入 7－2】

　　在2005年年底结束的央视广告招标会上，宝洁公司以3.94亿元夺得央视黄金段位，成为行业备受关注的企业。宝洁为什么要将广告投放重点移至央视呢？雕牌、舒蕾、好迪、蒂花之秀、拉芳等众多本土日化企业和品牌的涌现，对宝洁构成了较大的竞争压力。从这些企业和品牌的崛起中，不难发现是宝洁的高价位给竞争对手提供了契机。而在中国市场，价格是一个非常敏感的竞争因素，许多消费者经常在终端促销面前改变自己的购买决定，因为在他们眼里，宝洁的产品和其他本土品牌的产品并没有什么本质的区别。在竞争对手的挤压下，一直将产品定位在中高端的宝洁开始考虑改变市场策略，以确保市场份额不受蚕食并开拓新的消费群体。参与央视广告招标并成为投放大户是改变市场策略的信号，以其带来最大的收益。

【案例分析】

（1）宝洁要挤进低端市场，不发达省市的消费者也将成为其主要目标消费群。

（2）市场策略的变化，带来媒体选择的变化。

（3）在这种情况下，在央视投放广告再加入省级媒体及其他地方媒体的投入，无疑是一个不错的选择。在参加招标之前，宝洁就十分理性地做了媒体价值的评估。

在逐渐完善的市场竞争中，大多数企业已经明白了自己的产品不可能卖给每一个人，营销首先应该确立自己的目标人群。例如全新大众速腾汽车的目标消费者，将其描述如下：25～35岁的男性精英群体；特征描述为在中国社会被视为时尚发起者或追随者的大都市中上层中产阶级，受过良好的教育并且精明、聪明并且有自己的主张，懂得欣赏高品质的产品并且愿意承担其价格——会选择其本质而不是浮华的外表；职业定位为追求高品质生活的私营业主、高级白领、公职人员，在事业上小有成就但是并不张扬；生活形态描述为他们追求现代且性格外向，积极进取，懂得时尚和潮流，事业小有起色。

高度关注轿车的最新的现代设计、先进技术和代表的形象。信赖德国工艺及品质。

目前中国大多数的企业在进行广告传播时对媒体的选择却非常粗放。事实上，任何产品的目标消费人群都有和某些媒介接触的习惯，产品的信息传播只有通过适当的媒体发布，才能有效地传递给诉求对象。

一、明确媒体目标

媒体策划首先要明确媒体目标。媒体目标是指将广告谋略转换成可供媒体实施的目标。媒体目标可以合称为目标受众和信息分布目标两大部分。目标受众是指确定广告主所希望达到的具体人群，往往按照消费者分析中的地理人口、收入层次、教育程度、职业等指标来确定。信息分布目标又称为目标的地域性，即指明应在何时、何地发布广告以及发布的频率应该如何控制。

媒体目标是媒体计划希望实现的目的和完成的任务。确定媒体目标就是要将营销目标、广告战略目标转换成媒体能完成的实际目标。广告经营者要首先落实媒体目标，才能实现预期的广告目标，从而最终实现营销目标。

选择广告媒体并不是随意的行为，必须使选择的广告媒体同广告目标、广告战略协调一致，不能背离相违。广告媒体的选择应当服从和服务于整体广告战略的需要，应当同广告目标保持一致。消费者群体不同，他们对于广告媒体的态度也会有所不同，而只有根据目标对象接触广告媒体的习惯和对媒体的态度来选定媒体，才能符合广告战略的要求，进而顺利达成广告目标，收到良好的广告效果。

从媒体自身而言，任何广告媒体都有覆盖面和优劣势。因此，进行广告媒体策划时，必须认真分析各种媒体的特点，灵活协调组合，扬长避短，尽量最大可能使广告媒体的目标对象与产品的目标对象保持高度一致。广告媒体的选择要与广告产品的特性、消费者的特性以及广告信息的特性相适应。如果广告媒体传播信息的受众并非广告目标所针对的消费者或潜在消费者，即使广告主投入再多的广告费，广告创意再新奇独特，也不会取得预期的广告效果，最多只能是收效甚微。

二、制订媒体目标

制订媒体目标要先把握广告目标市场策略，应该对广告要在什么样的范围内、面向什么样的受众传播有明确的认识。广告目标服务于营销目标，一般是以产品的知名度和消费者的态度为指标的。

无论在任何媒体上发布广告，其目的就是把广告信息传递给目标消费者，因此广告策划者应该选择媒体受众与产品的目标消费者比较吻合的媒体。不同媒体的受众不同，产品要根据目标消费者的特点寻找与之相匹配的受众媒体。比如电脑、手机等高科技产品一般选择以高收入白领阶层为目标受众的时尚类杂志为媒体；房地产广告通常选择平面印刷媒体，因为它会比电子媒体给受众更多的思考决策空间。

小案例：

上海通用在为"凯越"汽车做广告宣传时，充分考虑了各媒体的特点，采用了有效的媒体组合方式，从而很好地提高了广告投入利用率。"凯越"汽车的广告媒体主要选择了读者覆盖面较广的大众媒体，尤其是各大城市的强势都市类媒体，如深圳特区报、广州日报、华西都市报和北京晚报等，这些媒体有一个共同特点就是在当地具有较高的市场占有率和极大的舆论影响力，它们的广告一般都能够带来较高的关注率。同时，在行业类媒体上精确投放，中国经营报、商业周刊、中国汽车画报和汽车之友等都是业界具有非凡影响力的媒介。像中国经营报、商业周刊这类媒体，读者大多是公司管理层，与"凯越"汽车的"时代中坚者"产品定位基本吻合，广告效果明显。中国汽车画报和汽车之友这类汽车行业类杂志，读者中有一部分就是计划购车者。"凯越"汽车在大众媒体与行业类媒体的双重投放，从而取得明显的广告效果。

第二节 广告媒体选择

【案例导入 7 – 3】

解放前的南京鹤鸣鞋帽店，牌子虽老，却无人问津。老板发现许多商社和名牌店时兴登广告推销商品。他也想做广告宣传一下，但怎样做广告才有效果呢？这时，账房先生过来献计说："商业竞争与打仗一样，只要你舍得花钱在市里最大的报社登三天广告，第一天只登个大问号，下面写一行小字：'欲知详情，请见明日本报栏'。第二天照旧，等到第三天揭开谜底，广告上写'三人行必有我师，三人行必有我鞋，鹤鸣皮鞋'"。老板一听，觉得此计可行，依计行事，广告一登出来，果然吸引了大量读者，鹤鸣鞋帽店顿时家喻户晓，生意红火。随后，推出一系列的报纸广告，取得很好的传播效果(见图7－1)。

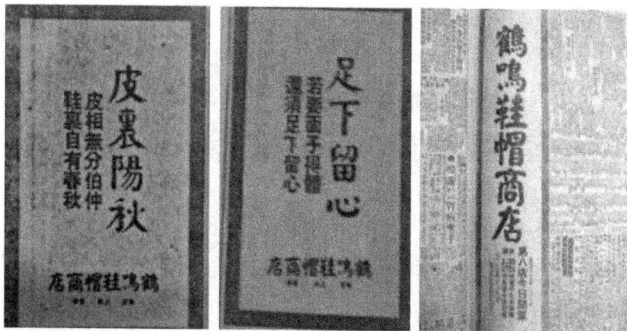

图 7 – 1

【案例分析】

(1)解放前,报刊事业得到迅速发展,报纸成为一种最廉价、传播效果最好的广告媒介。

(2)这则报纸广告代表着当时广告最高的艺术水平,而且还把握了读者的求知心理,加深读者对广告的印象。

媒体传播的作用在于通过媒体对广告信息的传送,使创意与消费者接触,且产生说服作用,使后者对品牌的态度与看法向好的方向发生改变。花费广告费能影响消费者,最好是目标消费者,并促进其购买是广告策划最终要达到的目标。只有在优秀的媒体策略下,才能扩大传播的深度和广度,从而形成立体传播的推广合力。

一、广告媒体种类与特点

(一)概述

1. *广告媒体的概念*

媒体是把信息传播给社会大众的工具。从广告信息传播的角度看,广告媒体是运载广告信息,达到广告目标的一种物质技术手段,是传播广告信息的载体。凡能刊载、播映、播放广告作品,在广告宣传中起传播信息作用的物质和工具都可以称为广告媒体。

2. *广告媒体的功能*

广告媒体具有多方面的功能,既有商务宣传功能,也有艺术表现功能和文化传播功能等。广告媒体功能的多样性,是由广告互动的复杂性决定的,其中商务功能是最主要的,其他功能都必须服从于并服务于广告的商务功能。

(二)主要媒体特点及功能

1. *报纸*

报纸是传统的三大新闻传播媒体之一,是最早被用来向公众传播广告信息的载体,现在仍然是经常被运用的广告媒体之一,一直很受广告主的欢迎。

(1)报纸广告的优势。

①传播面广,传播迅速。

②报纸版面大、篇幅多,可登全页正版广告。凡是要向消费者作详细介绍的广告,利用报纸是极为有利的。

③报纸具有特殊的新闻性,将新闻与广告混排可增加广告的阅读率。

④有权威性的报纸增加了消费者对其广告内容的信任感。

⑤报纸广告便于保存和查找，可重复查阅，无阅读时间限制。

⑥报纸广告费用较低。

⑦文字表现力强。

（2）报纸广告的劣势。

①有效时间短。报纸出版率高，每天一份。绝大多数读者习惯于只读当天的报纸，很少有人读隔日的报纸。

②印刷效果不好。

③广告注目率低。通常报纸广告不会占据最有利的版面，读者往往倾向于阅读新闻报道和感兴趣的栏目，忽略广告。

2. 杂志

（1）杂志广告的优势。

①针对性极强，具有明显的读者选择性。

②信息的有效期长。杂志会保存一周、一个月、一年，甚至专业杂志人们往往将其收藏起来。人们阅读杂志的时间一般比较充裕。同一广告往往会多次重复出现在读者面前，可以起到累计附加的效果。

③广告内容含量大、印刷质量高。一般的杂志页面较多，纸张质量好，广告制作精美，能够产生较强的视觉刺激，强烈地感染读者，吸引其注意力，使读者感到真实，并留下深刻印象。

（2）杂志广告的劣势。

①时效性差。由于杂志出版周期长，出版频率低，因而不能像报纸媒体那样能够及时迅速地反映市场变化，不适合做强实践性广告，也不适合于营造声势较大的大规模营销活动。

②灵活性小。广告版面从购买到印刷的周期长，不适合刊登时效性强的广告。

③广告费用较高。需要较多的广告制作费用和刊物费用。

④影响范围小。杂志印刷的数量通常小于报纸，因此能影响的读者数量有限。

3. 广播

广播媒体是通过运用语言、音响、音乐来表达广告产品或企业的信息，它专门诉诸于媒体受众的听觉。

（1）广播广告的优势。

①传播速度快。广播的传播速度在传统媒体中可以说是最快的。

②覆盖面广，受众总量大。广播不受时间和空间的限制，其覆盖面是电

波所波及的范围，能接触广播的传播对象众多。

③灵活性强。可以言简意赅，也可以详细地解说商品；可以一个人直述，也可以两个人对话；可以加背景音乐，也可以用自然音响。内容形式还可以根据广告主的要求随时修改和调整。

④成本低廉。广播媒体与其他媒体相比较，节目制作成本费用低廉，一般情况下，广告主都能承担。

（2）广播广告的劣势。

①广播信息易逝，广告随声音传出，随声音的消失而消失。

②形象性差，没有视觉形象，听众只能凭想象来完成对产品的认识。

③受众选择余地小。

4. 电视

电视综合运用文字、图像、色彩、声音和活动等丰富多彩的艺术表现手法，配上现场实物生动的表演，使人产生身临其境的艺术效果，可以最大限度地起到诱导消费者购买的作用。

（1）电视广告的优势。

①形象生动，说服力强。电视节目既能看，又能听，视听兼备的效果可以让观众看到表情的动作变化和动态画面，它所展示的产品直观真实，读者易于理解。

②传播范围广。

③传播迅速，时空性强。电视可以在同一时间把图像和声音传播到全国，甚至世界各地。特别有利于播发时效性较强的广告。

（2）电视广告的劣势。

①传播效果的一次性。

②信息量相对较小。一则30秒的广告，仅能播出68个音节，其画面也不能有更多的转换。

③绝对成本高，广告拥挤。

④媒体受众被动接受，选择余地小。

5. 网络

随着科学技术的进步和商品经济的发展，出现了越来越多的传递广告信息的媒体和形式，媒体种类不断丰富。以互联网作为传播媒体的网络广告，已成为继传统四大媒体之后的第五大媒体，被企业和广告代理商普遍看好。其对传统的四大媒体，特别是杂志、广播产生了较大的冲击。

（1）网络广告的优势。

①覆盖范围广泛。

②信息容量大。一个网络站点的信息承载量一般在几十 MB 至几百 MB 之间，相当于数以千页计的文字说明。

③信息交互传递。互联网的出现，使广告媒体从传统到单项传播、受众被动地接受信息，渐渐趋向互动模式，即广告受众可以主动地接受其所需要的信息。

④形式多样。随着计算机和网络技术的提高，网络广告已能做到集文字、动态影像、声音、全真图像、表格、动画、三维空间、虚拟现实等多种表现形式为一体，根据广告创意进行任意的组合创作，从而最大限度地调动各种艺术表现手段，制作出生动活泼、能激发消费者购买欲望的广告，为网络浏览者创造身临其境的感受。

⑤广告投放准确。

⑥灵活性强。由于技术的限制，在传统广告媒体上刊登和播放广告，一经发布后很难再进行改动，而在互联网上则能按照需要及时变更广告内容。

⑦易统计性。传统媒体发布广告，大多数是通过回访来完成的，很难准确地知道有多少人接收到了广告信息。而互联网上权威公正的访客流量统计系统，可以精确的统计出每个广告被多少网络用户看到过，以及这些用户的查询时间和地域分布，从而有助于广告主正确评价广告效果，这是传统广告媒体无法比拟的。

⑧广告投入效率高。网络广告的平均费用仅为传统媒体的 3%，就是原本无力购买传统广告媒体的小企业也可以拥有属于自己的广告媒体，并可以在全球范围内传播广告信息。

（2）网络广告的劣势。

①硬件要求高。需要计算机、调制解调器和电话，并通过上网才能看到网络广告，没有设备支持网络广告无从谈起。

②广告自身的主动性差。传统媒体的广告主只要选择最佳的媒体版面或电视黄金时段，无论广告水平如何总会有人收看。而在互联网上，由于有成百万上千万的网站，网上的信息只有等待用户上网索取，不能主动出击，导致网络媒体不具备强制收视的效果，因而影响到网络广告的收视率、到达率。

6. 户外广告

户外广告的历史十分悠久，印刷术发明后出现的招牌、招贴画及海报等，就是早期比较普遍的户外广告形式。现在户外广告的发布形式、数量、种类及质量，已经成为一个国家或地区经济发达程度的标志之一。户外媒体主要包括霓虹灯、电子显示屏、路牌、招贴、看板、灯箱、空中广告、交通广告等。

（1）户外广告的优势。

①展露时间长、竞争强度低。

②选择性强。

（2）户外广告的劣势。

受众可选择性差，传递广告信息量有限。受众与户外广告放置处之间都间隔一定距离，为使过往行人清楚地了解广告信息的内容，字体不宜过小，而字体增大，户外媒体上包含的广告信息容量就要相应地减少。由于行人大多是从户外广告前匆匆走过，就要求户外广告内容必须简明扼要。

7.直邮广告

直邮广告常见的形式有商品目录、说明书、价目表、明信片、宣传小册子、招贴画、企业刊物、样品、征订单等。网络的发展使直邮广告又有了新的方式——电子邮件行销。成本低、传播反馈速度迅速等优势使电子邮件营销悄然成长起来。

（1）直邮广告的优势。

①受众有高度的选择性。广告主或企业在运用直邮媒体传播广告信息时，具有自我控制能力，能随时随地把广告信息直接寄送到被选定的广告对象手中。

②较强的灵活性。广告版面的大小和设计样式、发布时间的长短、数量多少、发布地区的范围大小等，都可以根据广告商品的性质及广告主需要，随意调整和变化。

③目标明确性。直邮广告所面对的广告对象，都是经过广告主和广告经营者经过分析确定的，虽然制做广告需要一定花费，但所有的广告目标是很明确的，广告实施非常有效。

（2）直邮广告的劣势。

①范围小，只是一对一的宣传。

②邮寄广告过多会引起受众反感，邮寄名单获得比较困难。

二、广告媒体评价指标

媒体策划是广告策划流程的关键一环，应当对所选择的媒体有一个通盘和整体的认识，包括对所选择媒体的评价、评估指标等。这是媒体策略的基础，也是最基本的前提条件。

不同的广告媒体在覆盖区域、覆盖范围、受众数量、受众特点，对受众的作用和影响程度、媒介自身的风格等方面各有特点。对不同媒体这些指标的掌握，可以使我们对媒体效果有量化的认识，在众多的媒体中选择合适采用的媒体。广告媒体的评估指标主要有：发行量、受众总量、有效受众、千人成本等。一般来说有客观（或量）和主观（或质）两种标准。客观标准主要指媒体的覆盖面、接触人数、千人成本等可以根据已知或推算的数据算出的具体数字，看重的是媒体书面上的投资效率。主观标准侧重的则是媒体具体的效果，它是有一系列不能量化的质量指数构成的，最主要的有媒体的权威性、受众接触媒体的卷入度、编辑环境、相关性和广告环境等。了解了各种媒体的特点和评估媒体的方法，就可以进一步进行媒体的选择和组合。

（一）媒体的评估因素

1. 媒体受众

媒体受众是指接触某种媒介、并且通过该媒介获取信息的总人数。它是衡量媒体量的价值最常用的数量指标，也是进行媒体选择可能运用的重要指标。对于报纸、杂志、直邮广告等印刷媒体而言，因为平面媒体的可保存和可传阅的特性，它们的实际受众除了直接接触者外，还包括借阅接触者，它的数量和媒介的保存时间、媒介的传阅率有直接关系，所以通常其实际受众总数要大于发行量现实的总数。对于电视、广播、互联网，受众指听众、观众和浏览网民的总量。

2. 有效受众

在广告受众总体里，特定的广告针对特定的人群进行诉求，而这些人群只占总体受众的一部分，这一部分就是有效受众。事实上，大多数的广告浪费就是因为在广告宣传的有效受众仅占总受众的一小部分。

3. 媒体的覆盖面

媒体的覆盖面包括媒体的覆盖域和覆盖率。媒体覆盖域表示媒体主要发生影响的空间范围与对象，表示信息的传播范围和信息所能传播到的受众的大概数量。媒体的覆盖域越广泛，信息传播所能触及的人数就越多，则该媒体的价值就越大。

覆盖率是评估某一媒体、某一广告或广告活动等在特定时期内传达到特定目标视听众程度的比例指标。它用来表示特定目标消费者、目标视听众有机会接触某媒体、看到或听到某则广告的百分比。

媒体覆盖率＝媒体达到目标受众的人数/媒体目标市场的总人数

4. 到达率、暴露频次、毛评点

到达率、暴露频次、毛评点这三个术语是联系在一起的。到达率描述广告主希望的广告信息可能会有多少视听众看到或听到广告一次或多次。暴露频次说明广告将达到视听众的平均次数。毛评点为广告到达率和暴露频次的产物，并表示将达到视听众的重叠百分数额。到达率与暴露频次可用以分析可选择的几个刊播日程表，以决定哪一个能对媒体计划的目的产生比较好的结果。

（1）到达率。到达率指暴露于一个媒体执行方案的人口或家庭占总人数或家庭的百分比。到达率是非重复性计算数值，通常指在特定时期内，其周期的定义上可以根据需要定为一周，四周或几个月等。到达率的运作适用于一切类别的媒体。就广播、电视媒体而言，通常到达率用四周来表示。就杂志，报纸而言，到达率通常以某一特定发行期经过全部读者阅读的寿命期间作为计算标准。

（2）视听众暴露度。视听众暴露度为广告到达某人或目标观众的次数，全部广告的暴露度的总额。将广告排期表中每一插播（或杂志刊出的广告等）所送达的视听众（人数）累计相加。例如：200 万人看过某广告，平均每人看了 3 次，则暴露度为 600 万。视听众暴露度与毛评点的区别在于视听众暴露度是以千人数表示的，毛评点是以百分数表示的。

（3）暴露频次。暴露频次为个人（或家庭）暴露于广告信息的平均次数。

（4）毛评点。毛评点为由一特定广告媒体所送达的收视率总数，是一种全球通用的表现广告活动强度的方法。将某特定载体在不同时段的收视率相加起来，得到它所送达的收视率总数，就是毛评点。

毛评点 = 到达率（%）× 平均暴露频次

5. 广告每千人成本（CPM）

广告每千人成本是评价广告效果常用的术语，它指某一媒介发布的广告接触 1 000 个受众所需要的费用，由一媒体或媒体广告排期所送达每一千人（或家庭）的成本。这个尺度可以明确地显示出在某一媒介发布广告的直接效益，因此常常作为评估媒介的重要量化标准。

一般来说，千人成本最低，广告成本也就最低。

CPM = 一期媒体中插入广告所需要的成本/媒体每期受众千人数

6. 发行量/收视（听）率

这是衡量媒介的规模和影响面的大小的重要尺度。一般来说，报刊的发行量指一份刊物每期实际发行到读者手中的总份数（包括零售和订阅）。电视和广播的收视（听）率可以看出收看或者收听的受众总量。

（二）主要媒体的价值评价标准

（1）评价报纸媒体价值的标准：报纸的发行量、发行覆盖的地区和发行渠道、读者对象、阅读率、传阅率、报纸的形象定位、可信度、权威性、编辑风格等。

（2）评价杂志媒体价值的标准：杂志媒体的发行量、发行覆盖的地区和发行渠道、读者对象、阅读率、传阅率、杂志媒体类别、杂志形象定位、可信度、权威性、编辑风格等。

（3）评价广播媒体价值的标准：信号覆盖范围、媒体听众的数量和收听率、节目的时段安排、媒体定位、可信度、权威性等。

（4）评价电视媒体价值的标准：电视信号覆盖范围、收视媒介的分布和普及率、开机率、收视率、电视频道栏目节目定位和频道形象、电视媒体的可信度等。

（5）评价户外广告媒体价值的标准：地点、视觉形象、面积体积、能见程度、人流量、媒体所在位置本身的商业价值、周围环境等。

三、媒体选择

广告媒体的选择是广告传播活动的重要一环，广告媒体费用一般占整个广告传播费用的 70% ~ 80%，广告媒体选择是否恰当，直接影响广告效果的大小和整个广告宣传活动的成败。

（一）媒体选择应遵循科学过程

确定媒体类型——在明确媒体类型后选择媒体种类——在种类下选择合适的具体媒体。

（1）首先准确选择并确定媒体类型。决定选择大众媒体还是选择分众媒体。大众媒体是指针对全面人群，具有广泛社会影响力和阅读率的媒体。这类媒体发行渠道广泛，发行量大，阅读人群涵盖普遍阶层。大众媒体一直以来占据着媒体的主流地位，无可比拟和无可替代。它具有广泛的传播性，发行渠道完善、传播迅速、时效性强，阅读人群深入社会各个阶层、阅读（观看）率高等特点。因此凭借大众媒体能够有效地建立公众形象。企业广告大多为树立企业形象，传播公共关系信息，扩大企业知名度和美誉度。因此，广告主常选用报纸、电视、交通、户外等广告形式来扩大广告文化的影响力。例如对于具有项目型企业特点的房产行业广告来说，社会大众对项目的认知无疑能提升项目品牌，大众媒体在广告传播中的地位是不可或缺的。

企业在选择传媒时，还要考虑到广告传播的经济性，因此有效并有针对的窄众媒体也是不错的选择。随着中国社会的快速发展，不同的社会环境因素影响并最终促成了当代受众的不同特征。部分媒体也从满足大众需要转向满足部分人、满足某方面需求转变，也就是从"广播"向"窄播"，从"大众"向"分众"的转变。分众是相对于传统的大众而言的，是指有针对性的一定区域，年龄、受教育程度相似的小范围受众。当前市场化的要求下广泛地应用定位理论，对消费群体进行了细分，大众媒体的广泛性覆盖无法直接面对细分化的消费者，简单的使用大众媒体势必会让广告效果大打折扣，在这种情况下，为了更好地针对特定的目标客群，精准深入进行广告信息传达，从而提高广告效益和效果，企业主开始考虑分众媒体投放。广告主选择窄众，以其特有的优势与服务，给投放商的宣传带来了更多的回报。因此，不能盲目迷信全国媒体，应该选择适合的媒体进行投放。

户外和互联网经过了迅速的发展，已经成为了分众媒体的代表。传统的四大媒体也开始走上了分众的道路，另外 DM 直投及新兴的广告媒体及新型融合性应用媒体（电梯广告、公交广告等）也随之出现并同样获得了发展。另外在新科技日益发展的今天，手机由于出色的个性化，其互动性传播性也开始被广泛挖掘利用。

（2）在明确的媒体类型下选择媒体种类。根据广告的创意和诉求方式选择媒介。如果广告的创意和诉求方式是说理式的，通过视觉传达的，那么最好选择报纸等媒介。如果是感情式的，通过视觉传达的，最好选择电视等媒介，如"海飞丝洗发水的广告"主要通过视觉让消费者看到产品的功能，只有电视画面才能动感真实地表现其飘逸、顺滑柔顺的特性，给观众有冲击力的视觉效果，因此用电视表现最合适。如果是诉诸于听觉的，最好选择广播，如"飞利浦音响"广告要展示声音的多样性和质量，通过广播就比较适当。

（3）选择合适的具体媒体。选择媒体时还要考虑销售区域与媒介覆盖区域的一致性，选择那些覆盖区域正好是或基本是本产品销售区域或潜在销售区域的媒介。

（二）媒体选择的依据

一是从广告内容出发，看媒体能否反映出广告的内容，达到预期的广告效果。二是从广告的费用出发，在有限的资金情况下，能否充分反映出广告的内容。具体应考虑下列因素：

（1）目标顾客对媒体的适应度。不同的媒体可以将广告信息传播到不同的市场和目标顾客中，因此要选择目标顾客最熟悉的媒体。

（2）媒体是否能反映出企业所推销的产品或服务的性质与特征。因为各类媒体在展示、解释、可信度、注意力和吸引力等各个方面具有不同特点。

（3）广告所包含的信息和内容。如果广告内容是宣布近期的销售活动，报纸、电视、广播媒体最具有实效性，可以根据实际情况做出具体的选择。而如果广告信息中有大量的技术资料，则宜刊载在专业杂志上或邮寄广告媒体上。

（4）媒体的地区、范围、频率、能力等媒体特性。应当重点考虑广告媒体的覆盖面和影响力。一般来说，媒体的传播范围应当与目标市场范围大致相同，而且选择的媒体应当对目标市场具有最大的影响力。

（5）根据广告的综合效果选择最合算的媒体。选择媒体的时候应该比较千人成本，再考虑媒体的传播速度、传播范围、记忆率等因素。

第三节　广告媒体组合

【案例导入 7 - 4】

2013 年 5 月 28 日，上海——巴黎欧莱雅携手上海麦肯光明为其全新开发的保湿产品"葡萄籽膜力水"推出最新广告，此次中国的新产品发布启用了全新代言人芭芭拉·帕尔文（Barbara Palvin），年仅 18 岁的匈牙利超模。

此次广告活动的主要目标为 30 岁以下年轻人群，围绕该产品补水加抗氧化的特性，整个活动通过电视、平面、户外、地铁、网络等多种渠道，将"第一支肌肤的葡萄饮"的护肤概念全方位地融入中国消费者的现实生活中。

该广告自 3 月底一经上线，其自然清新的风格以及 Barbara 年轻洋溢的表演立刻俘获了众多年轻消费者。据悉，该款产品上市以后，已经成为巴黎欧莱雅保湿系列第一位的热销单品。该广告营销活动预计将一直持续到 2013 年夏季（见图 7 -2）。

【案例分析】

（1）欧莱雅葡萄籽膜力水在大众媒体上投放是地毯式轰炸，再加上准确的产品定位、精准的目标受众分析、有效的媒体组合，保证了较高的广告到达率。

（2）广告的最终目的，是要扩大品牌的知名度，提高商品的销售额，而这一目标实现的关键所在就是广告媒体的选择与组合策略运用是否得当。

所谓媒体组合，即是对媒体计划的具体化，就是在对各类媒体进行分析评估的基础上，根据市场状况、受众心理、媒体传播特点以及广告预算的情况，选择多种媒体并进行有机组合，在同一时期内，发布内容基本一致的广告。运用媒体组合策略，不仅能最大可能地提高广告的触及率和重复率，扩

图 7 − 2

大认知，增进理解，而且在心理上能给消费者造成声势，留下深刻印象，增加广告效益。广告媒体组合要和市场营销组合、综合促销活动等联系起来，选择最有效的传播媒体，加以实施。

一、广告媒体组合的作用

（一）能够增加总效果和到达率

单一媒体对目标市场的到达率是不高的，即使是覆盖范围较大的媒体，也不可能将有关广告信息送达目标市场内的大多数人以至每一个人。所以，运用单一媒体会导致目标市场内的许多消费者未能接触到广告信息。而媒体组合则能够弥补这一缺憾，运用两个或两个以上不同的媒体，就使不同媒体所拥有的受众组合起来，从而使广告能到达更多的目标受众，使广告影响的广度增加。

（二）能够弥补单一媒体传播频度的不足

有些媒体的传播寿命较高，有些媒体的传播寿命较短，这就影响到受众对媒体广告的接触程度。只有增加传播的频度，使目标消费者能够多次触及广告信息，才可能取得较好的传播效果。而有些媒体因广告的费用太高而难以重复使用，如果运用单一媒体，这些不足就难以避免。选择多种媒体，进行组合运用，就使受众在不同媒体上接触到同一广告信息内容，增加了频度，强化了重复效应。

（三）能够整合不同媒体的传播优势，形成合力，扩展传播效果

某些媒体固有一些特性，如电视具有形象性和直观性，报纸具有时效性

和说明性，直邮广告具有直接性和直观性，销售点广告具有现场性等。但同时也有一些不足和缺陷，如电视广告的费用高，杂志广告的时效差等。通过组合使媒体所具有的特性有机结合起来，既使某些媒体的特长得到发挥，又可使其缺陷被其他媒体所弥合，整体广告效果得到加强。

（四）能够相对减少成本，增加广告效益，有利于企业量力而行

媒体组合不是对媒体的简单排列，而是经过有机整合，发挥媒体各自特长，克服各自不足的过程，组合后能够发挥整体效益。许多企业就可利用媒体组合的整体优势，在资金有限的情况下，组合多种费用低、效果相对一般的媒体，同样可形成声势，实现预期的广告目标。

二、广告媒体组合的原则

（一）组合有助于扩大广告的受众总量的原则

任何一种媒体都不可能与企业产品的目标消费群完全重合，没有包含在媒体受众的那一部分消费群需要借助其他媒体来完成。因此，媒体的组合应该最大限度优势互补，以满足广告发布覆盖最大的有效人群，即目标消费群。

（二）组合有助于对广告进行适当的重复

消费者对广告信息产生兴趣、记忆、购买欲望，需要广告有一定的频率来提醒消费者。因为受众对于一则广告在一个媒体上重复刊播的注意力会随时间而减少，因此需要多种媒体配合，延长受众对广告的注意时间。为了达到应有的广告效果，就要连续不断地给目标消费者以反复刺激。根据人的记忆规律，当一个人接受某信息后，5分钟后只能记得60%，一天之后只能记得30%，一周之后只剩下不到20%。因此，运用反复刺激即可加深记忆。而这仅靠单一媒体是不易做到的，必须巧妙利用媒体组合，运用大众媒体广告、交通广告、路牌广告等，使人的记忆效果不因行动的变化而产生切断现象。

（三）组合应该有助于广告信息的互相补充

不同的媒体有着不同的传播特性，比如电视广告对于吸引消费者的注意力有帮助，但不能传递太大的信息量，报纸、杂志就可以传递较大的信息量。一般促销活动的发布信息可以由电视或报纸发布，但促销活动的详细规则则可以由店头海报传递（详情请见店头海报）。因此，媒体的组合，应该充分考虑信息的互补。

（四）组合应考虑媒体周期性的配合

不同的媒体有不同的时间特征，比如电视、报纸传播信息非常及时，可

以连续进行广告宣传，间隔较短。而杂志一般以月为单位，不宜发布即时的新闻。在媒体组合中，应该考虑时间上的配合。

（五）组合的效益最大化原则

在多种媒体上同时发布大版面、长时段的广告不一定达到最佳的效果，因此要对在各种媒体上发布的广告规格和频次进行合理的组合，以最小的广告费用达到最好的广告效果。

（六）根据各地区不同状况，合理分配媒体资源

媒体的地域特征是指任何一种媒体都有其针对性最强、影响力最大的地域，如每一个城市的电视台在市内范围内影响最大，而报纸的地方版则更直接针对某一地域。如果媒介影响力最大的地域正是广告主要大力争取的市场，那么这一媒介就是投放广告的理想媒介。

三、广告媒体组合的具体方法

（一）确定最主要的广告媒体

在选择出来的多种媒体中，选择最接近受众、有效受众数量最多、对受众影响力最大的媒体作为广告发布的主要媒体，其他媒体为辅助作用。重点媒体的选择可以是一种，有时也可以是两种或更多种。面向一般消费者的商品，在一般情况下，应当以大众传播媒体为主，如电视、报纸、广播、杂志等。特殊的商品，应当根据商品特点选择媒体。另外，由于各个地区风俗习惯不同，生活习惯不同，所以广告媒体的组合和诉求点不一定非得统一，媒体组合应当从不同地区的实际出发。

（二）科学合理地确定媒体之间的组合

确定了最主要的广告媒体后，要将其他媒体围绕主要媒体进行时间和规格上的组合，这是媒体组合成功的关键。要根据媒体的特点、媒体的重点、确定投放时段、确定投放时间的长短进行组合。媒体组合的方式多种多样，包括电波媒体与平面媒体，单一媒体与组合媒体等形式。不同的媒体对创意的承载能力不一，不同的创意策略需要不同的媒体来表现。

每一种广告媒体都有其长处和短处，运用单一媒体做广告，其效果不如多个媒体组合同时做广告的效果，一则可以取长补短，相互配合，造成声势；二则弥补单一媒体无法触及所有目标消费者的缺陷。采用广告费低的多种媒体组合，既可保证广告的接触范围，又会有较高的出现频率。广告学家曾对广告媒体组合进行过研究和实验，发现广告媒体的交错使用能产生额外的效果。实验证明，目标消费者各接触三种媒体一次，比接触某种媒体三次的效

果好。两种以上媒体向同一受众传播同一内容的广告信息，比一种媒体传播的效果要好。

四、如何安排媒体行程

企业在广告信息发布时，可以集中在一段时期的某一部分时间内刊播，也可以连续不断地分散在一段时期内播发，或者间断地分散在一段时期内进行广告宣传。在一个广告期内，可考虑一天内全天播出多次广告，也可在一天中的某几个时间点播广告。

企业广告时间模式的选择应考虑下列 4 个因素：

（1）顾客周转率。速率越高，广告越是应该连续不断。

（2）消费频率。指某一时期内顾客平均进行消费的次数。消费频率越高，广告就越应该是连续不断。

（3）竞争状况。某一项目的竞争对手越多，顾客可以选择的余地越大，广告应该连续不断。

（4）目标顾客的认知程度。顾客对于企业和产品的认知程度越高，相应地在广告上的投放就可减少；反之，就越应加大广告刊播宣传的频率。

媒体组合的方法多种多样，可以同步出击，还可以层层递进，也可以是交叉进行。

五、撰写媒体计划书

媒体计划书是广告媒体活动的指导性文件。在研究确定了媒体策略的基本框架相关的所有问题之后，就进入编撰媒体计划的作业阶段。媒体计划是一种系统的用来指导、规范、约束媒体策划人员选择、购买、运用广告媒体的文字性文件。媒体计划书的主要内容包括媒体计划概要、媒体目标、为实现媒体目标建议采用的媒体策略、相配套的各种战术、详细媒体预算及效果评估、媒体预定购买排期等。

媒体计划书的结构要求层次分明，逻辑严密，注意各项操作的前后衔接和相互协调。媒体计划书是指导性文件，应特别注重其可操作性。

【讨论题】

1. 某中型新建商场计划投资 40 万元进行开业广告宣传，以期在短时间内吸引人们的注意力，提高企业知名度。请分析他们应该选择什么样媒体组合，并说明理由。

2.1988 年 10 月，健力宝在全国糖酒交易会期间的一周时间内运用多媒体、全方位、立体感的媒体组合，投下 39.6 万元的广告费，形成"要想不听健力宝广告，除非回家睡大觉"的顺口溜和"谁不想尝尝魔水健力宝"的市场欲望。他们在郑州火车站、体育馆、主要交通干道及公交车悬挂各种广告旗、横标；向路人分发产品介绍、画册；组织千狮千龙、广告模特队深入市区，吸引了大量观众；在省市电视台播出节目；报纸上连续刊登一规格的广告；举行记者招待会，在短时间内就得到了市场和客户的高度认可。

问题：健力宝的成功在今天的时代还能实现吗？谈谈你的理由。

3.广播媒体运用怎样的媒体组合策略才能使其发挥最大效果？并举例说明。

【实训题】

表 7 - 1　实训一

实训名称	为中国好声音第二季进行广告媒体组合方案设计
实训目的	通过实训使学生能够正确运用媒体组合相关知识，增强实践能力
实训内容	根据背景资料，收集相关资料，结合中国好声音第一季的成功经验，来为其第二季进行方案设计
实训要求	1.以小组为单位完成 2.达到立体宣传的良好效果 3.方案完整，具有可行性

【背景资料】

《中国好声音(The Voice of China)》，是由浙江卫视联合星空传媒旗下灿星制作强力打造的大型励志专业音乐评论节目，源于荷兰节目(The Voice of Holland)，于 2012 年 7 月 13 日正式在浙江卫视播出。中国好声音不仅是一个优秀的选秀节目，更是中国电视历史上真正意义的首次制播分离。刘欢、那英、庾澄庆、杨坤四位著名歌手作为明星导师言传身教，为中国乐坛的发展提供一批怀揣梦想、具有天赋才华的音乐人，树立中国电视音乐节目的新标杆。第一季播出后，引发收视狂潮，于 2013 年 7 月将乘胜追击，推出第二季。

表7-2 实训二

实训名称	为步步高5.7寸、16GB款Vivo Xplay智能手机进行广告媒体组合方案设计
实训目的	通过实训使学生能够正确运用媒体组合相关知识,增强实践能力
实训内容	根据背景资料,收集相关资料,找准产品定位和目标消费者定位,结合学过的媒体知识,使组合方案达到效益最优化
实训要求	1.以个人为单位独立完成 2.查阅信息,把握产品的一系列特点,来制订方案 3.就设计方案在课堂交流,重点讨论各种媒体组合方案的利弊及如何有效配合运用

【背景资料】

北京时间2013年5月7日在北京水立方,步步高正式发布了一款再次刷新音乐品质,且更加侧重影像的旗舰机型——Vivo Xplay。

在硬件配置方面,Vivo Xplay采用5.7英寸1 080P高清触摸屏,搭载主频1.7GHz的高通骁龙600四核处理器和Adreno 320 CPU,并内置了2GB RAM以及32GB ROM。值得注意的是,该机型的电池容量达到了3400mAh超过普通的智能手机(图7-3)。

此外在摄像头方面,Vivo Xplay采用的是500万广角前置摄像头以及1 300万堆栈式主摄像头。16GB版定价2 998元,将于5月下旬开始销售。

图7-3

第八章 广告效果评估策略

【广告效果评估流程图】

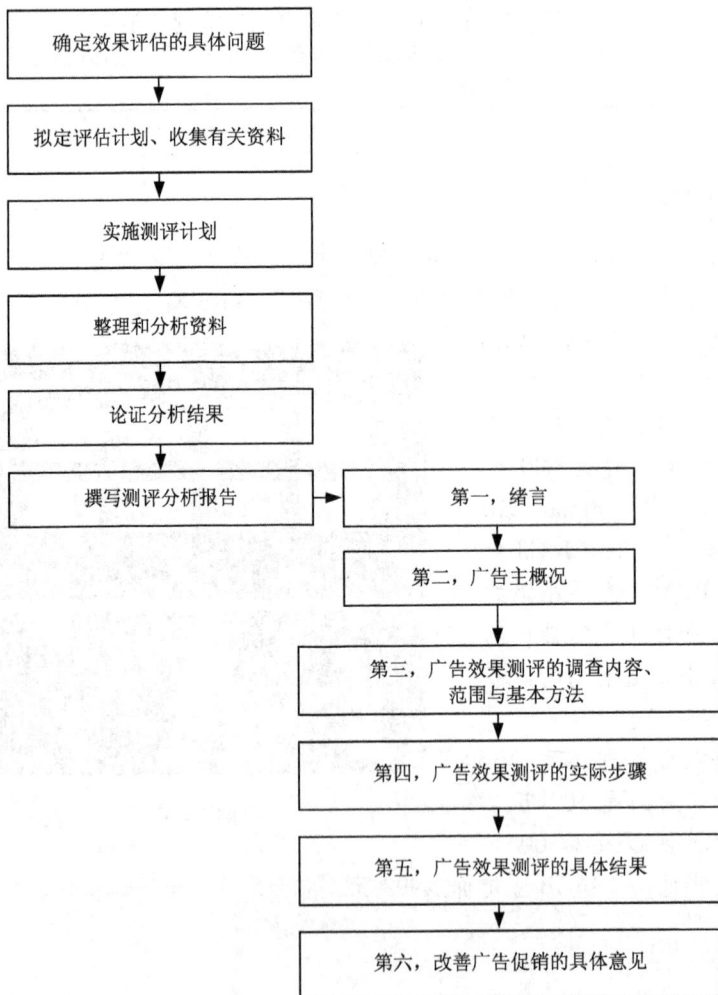

```
┌─────────────────────────┐
│   确定效果评估的具体问题    │
└─────────────────────────┘
            ↓
┌─────────────────────────┐
│  拟定评估计划、收集有关资料  │
└─────────────────────────┘
            ↓
┌─────────────────────────┐
│      实施测评计划          │
└─────────────────────────┘
            ↓
┌─────────────────────────┐
│      整理和分析资料        │
└─────────────────────────┘
            ↓
┌─────────────────────────┐
│      论证分析结果          │
└─────────────────────────┘
            ↓
┌─────────────────────────┐      ┌─────────────────────────┐
│    撰写测评分析报告    │ ───→ │      第一，绪言          │
└─────────────────────────┘      └─────────────────────────┘
                                            ↓
                                 ┌─────────────────────────┐
                                 │     第二，广告主概况      │
                                 └─────────────────────────┘
                                            ↓
                                 ┌─────────────────────────┐
                                 │  第三，广告效果测评的调查内容、│
                                 │      范围与基本方法       │
                                 └─────────────────────────┘
                                            ↓
                                 ┌─────────────────────────┐
                                 │  第四，广告效果测评的实际步骤 │
                                 └─────────────────────────┘
                                            ↓
                                 ┌─────────────────────────┐
                                 │  第五，广告效果测评的具体结果 │
                                 └─────────────────────────┘
                                            ↓
                                 ┌─────────────────────────┐
                                 │  第六，改善广告促销的具体意见 │
                                 └─────────────────────────┘
```

【学习目标】
1. 掌握广告效果的含义、特征和广告效果评估的意义。
2. 掌握广告效果评估的基本流程。
3. 掌握广告效果评估的指标和评估方法。

【案例导入 8 – 1】

随着中国电信市场运营主体的增加，国内电信市场竞争越来越激烈。中国电信、中国移动和中国联通等通信企业纷纷在各种媒体上刊登广告，争夺市场份额。中国联通自 2000 年以来，电视和报纸广告投放量呈快速增长的趋势。这些广告的渗透率如何？消费者对它们的评价如何？广告起到了何种作用？为了了解和评估中国联通，中国联通委托社会调查公司对联通广告效果进行调研，为中国联通的广告投放战略提供数据支持和决策依据。

当时联通公司主要投放六个广告，分别简称为"篮球篇"、"婚礼篇"、"组合篇"、"千万篇"、"四海篇"、"上市篇"。通过调查分析得知：

1. 三成被访者在过去两个月内曾经看过印象深刻的电信企业的广告，其中看过中国联通广告的最多，其次是中国电信，再次是中国移动。由此可见联通广告的渗透率要高于后两者。

2. 对于联通三项业务的了解程度，了解"手机上网"的人最多，"如意通"的居第二，了解"一机多网"的最少。了解的主要渠道，三者均是以电视和报纸为主。20～30 岁的人了解"如意通"和"手机上网"的人最多，30～50 岁的人了解"一机多网"的人最多。

图 8 – 1

3. 对于联通广告，看过"千万篇"的最多，其次是"篮球篇"，看过"上市篇"的人最少。被访者最易理解"千万篇"和"上市篇"，"四海篇"次之，对其余三个广告的理解程度稍差一些。喜欢"组合篇"的人略多于其他几个广告，但总体来说调研对象对六个广告喜欢程度差别不大。

4. 调研显示，联通六个广告的最大作用是加深了受众对联通品牌形象的认识。

【案例分析】

(1)广告效果测评最基本可以检验广告活动成功与否，广告目的达成的程度如何，可以减少广告费用的浪费。

(2)广告效果测评可以为以后的广告战略与营销推广提供指导。

第一节 广告效果评估概述

【案例导入 8 - 2】

2006 年，明星蒋雯丽为美加净护肤品修护系列代言的广告，由于创意中包含儿童的"恋母情结"受到部分网友的质疑，在媒体上引发了一场对这则广告的争议。广告里，蒋雯丽扮演的母亲和 5 岁左右活泼可爱的男孩进行对话：

孩子："妈妈，长大了我要娶你做老婆。"（孩子很天真）

蒋雯丽："什么?"（有点惊讶）

孩子："我要娶你。"（孩子很认真）

蒋雯丽："那爸爸呢?"（故意逗小孩）

孩子："我长大了，爸爸就老了。"（两人很幸福拥抱在一起）

孩子："妈妈永远也不会老!"

（最后出现话外音：美加净修护系列产品让妈妈永远年轻）

上海家化就此发表"美加净产品广告争议"声明，并随后推出由蒋雯丽代言的同一产品的公益广告。

【案例分析】

(1)广告带给消费者的影响与反应，是企业应该时时刻刻关注的问题。

(2)依据消费者的反应，企业应该迅速调整或完善广告策略。

广告活动经过周密的策划，制订出一定的战略加以实施，这不过是经历了前两个阶段。完整的广告活动还要对其所产生的效果进行评估。在广告活动中，广告效果是最令人重视的问题。检验广告活动成功与否，最终是要看所产生的广告效果如何。

从字面上看，广告效果似乎比较简单，但实际上又是一个十分复杂的问题，涉及很多方面。首先我们要对其概念有一个认识和了解。

一、广告效果的含义

任何一项广告活动，都需要一定的物力、财力和人力的投入，并希望得到"产出"，这个"产出"就是既定的广告目标。而广告目标的实现，是由广告作品通过广告传播媒体，在与受众进行信息沟通的过程中完成的。广告作品被广告受众接触，就会产生各种各样的直接的或间接的影响，带来相应的变化。这种影响和变化，就是广告效果。由于广告主开展广告活动的目的各不相同，他们希望得到的广告效果也会有所不同，但要求通过广告活动能够获取效益的愿望是一样的。

这里，有一个问题的讨论需要深入。这就是广告究竟有没有用、有什么用？广告主做了那么多投入，所得到的回报是什么呢？广告主的广告费用有没有浪费掉呢？浪费多少呢？这几乎是广告活动产生后就令人关注的一个焦点，也只有通过广告效果的测评才能回答的问题。可以说，广告活动的核心与终端，就是广告效果。

总体上来看，广告效果有狭义和广义之分。狭义的广告效果是广告所获得的经济效益，即广告传播促进产品销售的增加程度，也就是广告带来的销售效果。广义的广告效果则是指广告活动目的实现程度，广告信息在传播过程中引起的直接或间接的变化的总和，包括广告的经济效益、心理效益和社会效益。

二、广告效果的特性

广告活动涉及各方面的关系，广告信息的传播能否成功，受到各种因素的影响，由此导致广告效果具有与其他活动所不同的一些特性，主要表现如下：

(一)时间推移性

广告对消费者的影响程度受到各种因素的制约，包括时间、地点、经济甚至政治和文化等方面的条件。大多数消费者接触广告后并不会马上去购买，而需要购买某类商品时，对广告可能已忘至脑后。从总的趋势看，随着时间的推移，广告效果在逐渐减弱，这就是广告效果的推移性。我们应该认清广告效果既可能是即时的，更多的是延缓的，具有弛豫性。在进行广告效果评估时，不要仅仅从短期内所产生的广告效果去判断。

(二)效果积累性

广告信息被消费者接触，形成刺激和反应，最后产生效果，实际上有一个积累的过程。这种积累，一是时间接触的累加，通过持续不断的一段时间的多次接触，才可能产生影响，出现反应。一是媒体接触的累加，通过多种媒体对同一广告的反复宣传，不断加深印象，产生效应。

（三）效果复合性

从广告自身效果来看，产品生命周期不同，市场条件不同，广告所产生的效果也不一样。产品进入成长期，市场需求旺盛，广告促进销售、增加销售量的作用可能比较明显；而在市场不景气、产品处于衰退期时，广告虽然没有刺激销售量增长，但延缓了商品销售量的下降。因此，不能简单从事后提高销售量来测定广告的效果。

三、广告效果评估的意义

（一）广告评估的结果是广告决策的依据

一段时期的广告活动结束之后，广告经营者必须对这一时期的广告活动进行评估和效果测定，检查广告目标与企业目标、目标市场、营销目标在这一时期的吻合度，并根据评估结果及时对下一时期广告促销活动做出适当的调整。如果广告主对广告活动的效果胸中无数，就会造成在广告决策上盲目行动，致使整个营销策划活动失败。

广告评估是指向未来的活动，也是调整营销手段、谋略的依据。广告主可以通过科学的广告效果测评的方法，对测评广告活动的效果，总结前期广告活动的成效，进而制订下一期广告活动的内容和发展方向。在测定过程中，要求与计划方案设计的广告目标进行比较，衡量其实现的程度。从中总结经验、吸取教训，为下一阶段的广告活动提供良好的基础。

小案例：

20 世纪 50 年代，"帮宝适"婴儿纸尿布刚在美国面市时，市场效果很不好。经过调查发现，妈妈们之所以不买"帮宝适"，是因为使用方便的纸尿布让她们减少了劳动，却产生不承担照顾孩子责任的内疚感。后来，广告内容诉求点放弃了"方便"这一概念，变为"帮宝适"能够使您的孩子肌肤更加干爽。有哪一位妈妈不愿意使自己的孩子干干净净的？"帮宝适"策略的转变让妈妈们消除了内疚，理直气壮地使用婴儿尿布，产品迅速打开了市场。

（二）广告评估有助于提高广告的设计与制作水平

只有优秀的、有创意的广告作品才能在浩瀚的信息海洋中脱颖而出。通过对广告活动效果评测，广告经营者可以了解消费者对广告作品的认可程度，判断广告主体是否突出、广告形象是否富有艺术感染力，广告语言是否简洁、鲜明、生动，广告是否符合消费者的心理需求，能否促进消费者最终购买行动等。这些指标都是广告主进行广告活动的参考资料，并有助于改进广告设计部门的设计和制作水平，使广告宣传的内容和表现形式的结合更加完美，增加广告的权威性和说服力，使广告传播效果是否与广告设计的预期贴合。

（三）广告评估有助于促进整体营销目标的实现

广告效果评定的结果不但能够比较客观地分析广告活动所取得的效益，而且通过广告效果也可以了解广告宣传以外的其他一些影响产品销售的因素，如产品的质量、款式、价格、包装等能否适应市场的竞争。企业可据此调节生产经营结构，开发新产品，实现经营目标，取得良好的经济效益。

总之，企业都非常关注发布广告之后，目标消费群到底受到了多大程度的影响。广告效果研究对于企业开发成功的广告、有效运用广告费、提升产品品牌形象、拉动销售等都具有重要的意义。

第二节　广告效果评估的程序和评估内容

【案例导入 8 – 3】

图 8 – 3

聚美优品，正品化妆品电子商务网站，创立于 2010 年 3 月，首创"化妆品团购"概念，CEO 为陈欧。2012 年 10 月，陈欧亲自代言的聚美优品新版广告推出，即俗称的"陈欧体"。此广告在江苏和湖南等大的省级卫视一经播出便引起热议，在微博及各个社交网站被疯狂转载，网络名人何炅、韩庚等的微博点评更是助推了这股风潮。引爆了"陈欧体"，提高了聚美在网上的出镜率，让网民在充分了解聚美优品正能量满格的企业文化的同时，加重了对聚美优品的消费倾向。2013 年聚美优品三周年庆典销售额为 10 亿元，该广告功不可没(见图 8 - 3)。

【案例分析】

(1)聚美优品创立短短的三年时间里，在市场营销上取得了不俗的战绩，每一步营销都走得很扎实。

(2)聚美优品的广告采用其 CEO 陈欧亲自代言，再加上高质量的广告设计，瞬间俘获众多网民的心，广告的影响力非同凡响。

一、广告效果评估程序

广告在播放和刊登前后进行广告效果评估，需要遵循科学的程序才能顺利地进行。

(一)确定效果评估的具体问题

由于广告的影响是多方面的，但并不是每方面的影响都是和产品销售相关，由此在分析广告效果时不要漫无边际，而是应该从实际出发，针对具体的对象及时进行剖析。这个具体的问题就是广告主在广告宣传活动中最迫切想要了解的最关键的问题，广告效果的测定必须围绕它进行。

对广告效果的测定基本上有两种方法：

(1)归纳法。即了解广告主广告的现状之后，根据广告主的要求确定分析研究的目标。

(2)演绎法。根据广告主的发展目标来衡量企业广告促销的现状，从而选定广告效果研究课题。

(二)拟定评估计划、收集有关资料

收集与广告效果有关的资料应以如下程序：制订计划——成立调查研究组——收集有关资料。

(1)制订调查计划。广告主与广告测定人员协商，在明确广告意图的基础上，写出与实际情况相符合的广告效果测定工作计划。该计划内容包括：广告效果调查的步骤、调查范围与内容、相关具体指标以及人员组织等。

(2)组建广告效果研究组。通常由广告公司委派课题负责人组成研究组。在确定广告效果测定目标之后，广告经营者应根据广告主的要求和测定调查研究人员的构成情况，综合考虑，组建测定研究组。在调查组的组建过程中，应选好小组负责人，然后根据项目要求分工负责，发挥每个组员的特

长，调动大家的积极性，群策群力、共同研究，才能达到好的测定效果。

（3）收集与广告有关的资料。广告效果测定研究组成立以后，小组要及时搜集与广告相关资料。企业外部资料主要是与广告活动有关的国家政策、法律、法规、地区政策及统计资料；企业所在地的经济状况、市场供求变化状况、主要媒体状况、目标市场上消费者的媒体习惯以及同业竞争者的广告策略和广告推广状况；企业内部资料包括企业近年来的销售、利润状况、广告预算状况、广告媒体选择情况等。可以选择调查问卷法来搜集资料。

（三）整理和分析资料

对于每一条采集下来的广告都需要进行足够详细的分类，以便事后的分析使用。分类标准是评判广告检测能力的重要标准，这一环节的主要任务是把通过调查和其他方法获得的资料进行整理分析。先是把资料按照时间序列进行归纳分析，还可以按照问题分类、专题分类、因素分类。在分类整理上进行初步分析，得出有用的资料。

（四）论证分析结果

由广告效果测定小组召集课题组成员，组织召开分析结果论证会，并邀请社会有关专家学者和广告主负责人参加，对广告效果的测定结果进行全方位的评议论证。然后由主持人集中起来，并根据参加论证人员的身份、工作性质、发表意见的权威程度等因素确定一个综合权数，提出分析效果的改进意见，使测定结果进一步科学合理，并在会后及时处理。

（五）撰写测评分析报告

经过广告主认可之后，广告策划者要对广告分析结果进行认真的文字加工，最终写成对广告效果的分析报告。

企业广告效果分析报告包括的内容有：

（1）绪言。阐明测定广告效果活动的背景、范围与基本方法。

（2）广告主概况。说明广告主的实力、资金、设备、产品等资源状况，广告主广告活动的规模、范围和使用的方法等。

（3）广告效果测定的调查内容、范围与基本方法。

（4）广告效果测定的实际步骤。

（5）广告效果测定的具体结果。

（6）改善广告促销的具体意见。

二、广告效果评估的内容

（一）对广告作品评价

对广告作品评价，就是在广告发布之前，在小范围内对构成广告作品的各个要素和整体效果进行检测与测定，并根据反馈的结果及时对广告进项调整。以使广告作品在发布之前解决诸如广告产品定位是否准确、广告创意是否引人入胜、广告文稿是否体现创意等问题，从而使广告作品具有冲击力和感染力，激发起消费者的购买欲望。

（二）对广告媒介组合评价

消费者每天都被大量的广告包围着，就生活在上海地区的消费者而言，每人一天至少要接受 80~150 条广告信息。在这种情况下，即使单一媒体作用再大，其影响力也是十分有限的。企业和广告公司于是越来越注重通过组合使用功能效果各异的媒体。在广告活动中，占购买媒介的时间和空间的广告费用的约 80%。发布广告的时候，如果媒介选择不当，或组合不当，都会造成广告费用的极大浪费。

对广告媒介组合方式的评价，主要是根据已掌握的目标对象接受媒介的一般规律，来测定正在进行的广告活动在媒介组合过程中是否符合目标对象的喜好，是否是目标对象接触最多的媒介，是否千人成本最低，是否能给受众留下深刻印象，媒介组合是否综合考虑了他们的接收习惯等。根据前后数据的对比，可以准确掌握目前广告活动的媒介组合是否得当，是否有需要改动的地方。

（三）对广告活动影响力评价

是广告活动结束后对全部的广告活动传播效果进行的总体评价，也是广告主最关心的问题。可以总结以往广告活动的经验、教训，为新的广告活动提供资料，指导未来的广告活动。广告活动的影响力测定，应该把握时机，不能过早或过晚，否则达不到预期的目标。

（四）对广告目标效果测定

广告目标效果是指广告目标的实现程度。企业最关心的问题就是广告活动能否达到预定的目标。一般来说，广告目标包括广告的传播范围、广告的传播频率、广告的接收率、广告的注意率、广告的记忆率、消费者对产品的印象、销售增长状况。

第三节　广告效果评估的指标和评估方法

【案例导入 8 - 4】

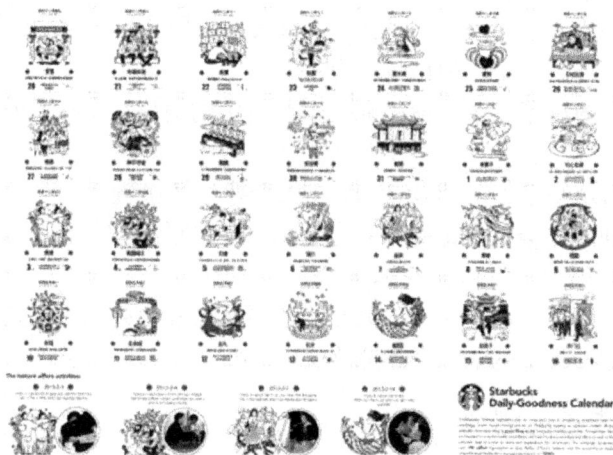

图 8 - 4

作为外来品牌，星巴克希望于新春佳节期间与中国消费者建立深层联系。传统上，农历通过预测婚嫁、出行、迁居以及其他事宜的吉利日期指导中国人的生活。2013 年春节期间，星巴克携手智威汤逊，根据一个普通中国人 2 月份的行程和日常活动，在微信、微博等社交网络平台（星巴克很少使用付费媒体）上推出了定制版 30 日"星历"。日历上的日期与实体店提供的食物和饮品相互关联。例如 2 月 7 日，消费者只要到店晒年货，即可享受饮料免费升级优惠。在几乎零媒体投入的情况下，"daily goodness"活动在新浪微博上产生了超过 1 亿的曝光量。星巴克表示，本次节日推广带来的销售额是定期促销时的 1000 倍（见图 8 - 4）。

【案例分析】

（1）成功的广告活动可以增强商品的销售力，提高商品的销售量。

（2）优秀的广告创意可以增强广告传播效果。

企业要创作出一个对消费者具有强烈冲击力的广告，对广告效果的调查和分析是全面的和延续的，贯穿了广告从策划到执行的整个过程。评估广告策划活动效果的客观标准是经济效益和社会效益，以经济效益为主，同时兼顾社会效益。

广告策划的直接目的是经济效益。一个广告成功与否，在很大程度上就是看它的经济效益，这方面的衡量指标有：

广告是否培养了新的公众需求市场，发挥了市场扩大功能；

广告是否激发了公众的需求欲望，有效地引导公众产生购买行为；

广告是否提高了企业的市场占有率；

广告是否突出了本企业商品在公众心目中的地位，提高了公众的知名购买率；

广告是否增强了商品的营销力，扩大企业的销售量。

广告策划的社会效益是树立社会组织的良好形象和信誉，创造和谐的公众环境，赢得公众对企业的支持。

因此，评估广告策划活动的效果，还要衡量社会效益，但是广告策划活动的社会效益，最终还体现为经济效益。

一、广告事前测试

就广告发布前，对广告的构思和设计方案定位是否准确，主题是否鲜明突出有冲击力，能否激起消费者购买欲望等进行检测。广告事前测试主要解决目标群体、产品定位、市场趋势、市场环境、竞争状况、媒体目标、媒体选择等问题。

（一）专家小组评估法

一般由广告学者、心理学者、营销专家、企业营销主管等组成专家小组，从多角度、多层次对广告创意进行评价。然后综合所有专家的意见，作为预测效果的基础。一般来说聘请专家人数为 10~15 人为宜，要求所邀请的专家的专业水平要高，能代表不同的广告创意趋势，确保所提供意见的全面性和权威性。

（二）实验法和现场访谈法

在一小部分消费者当中做广告创意的实验评估。从广告宣传的目标市场中，请 8~12 人做特定广告题目的讨论，为全面反映讨论的状况，可用现场录音的方法，通过对录音的整理，得到受测者对广告的看法，分析广告表达的意图是否与受测者的理解相一致。

（三）问卷测试法

根据所要了解的项目，设计问卷，选择合适的人群采集信息。由受测者根据自己所看到或听到的广告进行答卷。问卷内容的设计，可根据具体问题来选择填空、判断、问答等各种形式。通过整理受测者的答案，从中发现问题，确定最佳的广告宣传形式，这是最常用的调研方法。

（四）比较测试法

就是与同类的广告片进行比较，具体的操作方法可以参考问卷调查法。把要测定的广告放在两个或两个以上的广告中，让受测者将所有广告排列出顺序，或让受测者指出自己最喜欢的广告，或让受测者先看完几个广告，再让他们说明记住了哪些内容。通过多个作品的互相比较，从中选出效果最佳的效果。

（五）补充测试法

就是写出不完整的广告文案，或少图，或是不完整的广告故事情节，让受测者在几个可供选择的文字或图案中，按自己的意愿从中进行挑选，填充到广告中，被选择几率高的广告是比较出色的，可以发布。

（六）淘汰测试法

列出几个不同的广告作品，通过专家评定和消费者评定，淘汰不符合购买习惯和消费习惯的广告作品。把剩下的好的作品继续精练加工，从而选择出最优的广告作品。

二、广告事中测试

事中测定是在广告已开始刊播后进行的。由于广告已经发布，受众已经对它有所接触，所以事中测定可以直接了解媒体受众在日常生活中对广告的反应，得出的结论也更加准确可靠。同时广告推广活动还没有完成，对广告经营者可以及时了解广告中存在的问题和不足，对广告及时作出调整。

测试内容：广告的知名度、回忆度、理解度、接受度、美誉度；品牌的知名度、美誉度、忠诚度。

常用的广告效果事中测定法有以下几种：

（一）市场试验法

市场试验法是假设广告活动有效的前提下进行的，分析广告能导致市场占有率、商品销售额变化，调查特定市场的销售情况，对广告效果做出判断。企业预先选出试验市场与控制市场。要求二者具有代表性，在地区大小、地理位置、人口组成、经济文化发展、购买力、消费者观念、销售渠道、媒体效力等方面都较为接近。实施时，在试验市场发布广告，控制区则无广告的投放。广告发布一段时间以后，比较与广告活动前后销售情况的变化及试验区域与控制区域销售情况的差异，借以判断广告效果的大小。

（二）回函测评法

在一些广告中我们常常可以看到"有奖调查"、"样品索取"等字样，有时也邮寄广告卡、调查问卷等，消费者需要填写问卷，并将结果邮寄回，广告经营者根据消费者的回函数量及填写内容来确定广告效果。这种方法简单易行，便于操作，由于消费者对信息的反馈是主动的，因此测试的结果也比较积极，但是需要的费用较高。等待周期长，统计工作复杂。

（三）分割测评法

该方法是一种较为复杂的测试方法，通常用于报刊广告，是将同一份报纸杂志分开印刷，在同一日期、统一版位、统一面积，一版刊登广告 A，一版刊登广告 B，将两种不同的刊物分别在两个地区发行，或者混合发行。得到回函，根据回函测试哪个效果比较好。

三、广告事后测试

广告只有被接受、被理解并以某种方式得到反应，才能发挥作用，广告事后测试是非常必要的。广告的事后测定虽然不能直接对已经完成的广告宣传进行修改或补充，却可以全面、准确地对已做的广告活动的效果进行评估。因此，广告效果事后测定的结论，一方面可以用来衡量本次广告促销活动的业绩；另一方面可以用来评价企业广告策划的得失，积累经验，总结教训，以指导以后的广告策划。广告的事后测定有两种方式：一则广告刊播过程一结束，就立刻对其效果进行测定；一则广告宣传活动结束后过一段时间，再对其心理效果进行测试。

（一）广告心理效果的事后测评

（1）认知测评。用于测试广告的知名度，以及消费者对广告商品、企业品牌、企业名称和标志的认知程度。在提问时应该向消费者提示广告，并作询问：请问你看过这个广告了吗？读者的回答可分为：看过该广告/阅读过一部分/概略的看过/没读过。

每一个读者群的人数占总数的百分比就是读者率，哪个越高说明广告效果越好。认知测评还可细分为对注目率、阅读率、精度率等的测评。

（2）回忆测评。就是消费者对广告的记忆程度的测试，方法有自由回忆和提示回忆。广告效果测试中可以要求消费者回忆看到的全部或者部分广告内容，可以提示，也可不提示，他们的回忆程度表明了广告的突出性以及信息被了解和记忆的程度。

（3）态度测评。用于测试消费者对产品的喜欢程度、品牌倾向性、信任程度，购买动机等。

小案例：

　　海外航空服务公司在美国十几家竞争海外航线乘客的航空公司中只是一个小公司，在广告数量方面它无法与大型公司竞争。为此公司媒体战略目标决定，要集中指向特定的受众群体，文案及艺术表现要高度针对受众群体的特点。这一特定的受众群体被确定为经验丰富的世界旅行和季节性旅客，广告所传递的信息要针对这些独特的有鉴别力的精于旅行的受众，因此海外航空公司突出装饰、舒适、美食和服务等特色项目。

　　公司在广告效果报告之外，进行了一项小规模的态度调查。提出以下问题：

　　认知：你可以说出哪些提供全程喷气机客运服务的航空公司？

　　形象：在这些航空公司中，你认为哪一个在服务项目中表现突出？

　　偏好：在下次海外旅行中，你将会认真考虑哪家公司？为什么？

　　根据调整结果显示认知率稳步上升，形象在变好，顾客对公司的偏好也有所增加。这一切都表明，广告在传递明确信息给所选择的受众方面，已经获得了相当的成功。

（二）广告销售效果的事后测评

（1）销售额增长比值法。

$$广告效益 = 销售额增长量/广告费用增长量$$

即企业每增加一元的广告费用，广告能给企业带来多大的效益。数值越高，广告效果越好。

（2）广告费用比值法。

$$广告费比例 = 广告费用/销售额 * 100\%$$

公式中比值越小，表明广告效果越好，投资小，产出高。

（3）增长率比值法。

$$增长率比值 = 销售额增长率/广告费增长率$$

公式中比值大于1，就是盈利，越大于1，说明广告效果越好。

（三）广告社会效果的事后评价

　　广告的社会效果持续的时间很长，因此对企业来说意义重大。广告产生好的社会效果就如同给企业上了保险，保障企业的正常运行和未来的发展，能有效地抵制危机的发生。而广告如果只注意经济效益，把社会效益抛之脑后，消费者最终也不会买企业的账，所有广告都付之东流。

广告的社会效益需要长期的努力才能实现，对此企业应该以积极的心态，坚持不懈地建设广告的社会效益。

四、大众媒体广告效果的评估方法

大众媒体广告效果通常是用千人成本来衡量的。事实上不同媒体的接受对象特征不同，广告效果也不尽相同，所以千人成本只是一个参考指标，是从配合长远的营销战略角度出发的。分析各个不同的媒体的特征，把各媒体按照发布广告的产品进行重新的评级，根据评级的结果来评估广告媒体。

（一）报刊广告效果评估的方法

对于报纸而言，广告主关注的是读者，广告的诉求内容也是面向读者的。报刊的广告效果和它的读者数量密切相关。读者构成是广告传播受众指向的关键指标，通过性别、年龄、学历、职业、收入、消费习惯等，表现了读者群的消费特征细分和广告价值。此外，还有对报刊的接触反映了报刊的广告效果，即有多少读者阅读，他们看了哪些版面。阅读率是推测报纸阅读人数的重要指标。

1. 回忆法

通过让被访问者回忆来确定最近一定时间内读过哪些报刊，来判断广告投放效果的报刊媒体测试法。这是国内外使用较广泛的方法，尤其在"媒介及广告信息传递效果"的调查中使用更多。采用这种调查方法通常需要以"面对面的访问现场配合，通过在为提示和提示相关报头两种情况下调查各报刊""未提示前知名度"，"提示后知名度"，报刊各版面或板块"未提示下回忆阅读率"及"提示后识别阅读率"，调查报刊登载报刊上的广告"未提示到达率"和"提示后到达率"等。采用这种方法帮助受访者回忆，通常将有关报刊的报头提示给被调查者看，以帮助回忆。这在报刊媒介相对简单的市场容易做到，但是在如中国这样的地理面积广阔，报刊市场非常复杂的情况下，回忆法在全国范围内操作起来比较困难。但是在区域性市场的研究还是很有效的。

2. 日记法

日记法由被调查者对每天阅读情况的记录来收集报刊阅读调查资料，作为评定报刊效果的参考资料。调查人员事先将设计好的表格或调查问卷送到被调查者手中，接受调查的人员根据每天实际的阅读情况填好表格或问卷

（通常以一周为单位），调查结束以后，调查人员收回表格，进行统计分析。这是一种比较容易的操作方法，它通常用于"媒介与消费调查"的同源数据的收集。在多种媒介同时进行广告投放的同时，采用这种方法有利于比较不同媒介广告投放的效率，长期的跟踪有助于建立起广告投放与销售量变化的关系。

在各种方法的比较来看，日记法相对在中国更容易进行，是中国媒介受众调查早期采用较多的方法。这种方法非常适合人口相对稳定的区域进行。但在人口流动性非常大的地方，操作起来比较困难，同时样本更换率也比较高。

（二）电视广告效果评估的方法

1. 收视率检测

电视收视率是广告主购买媒介、进行媒介组合的重要依据；也作为电视台制订广告价格、销售时段的参考依据，是广告主和电视台共同关注的内容。电视的黄金时段是从晚上七点开始的，一直维持到十点钟。

2. 电视广告脚本测试法

又称OAT，英文（off air test）的单词缩写。广告脚本测试法是根据项目需要，以配额形式约请符合条件的目标消费者，以评价电视节目为理由点击被访者，并模拟在家收看电视的真实情景，借此来测定广告效果。OAT测试是为了保证新广告投放的有效性而进行的测试，目的在于通过测量消费者购买潜力、对广告的反应和记忆，浏览新广告是否可以投放，以及在可以投放的前提下，研究该广告还有哪些方面有待改进，使广告投放者对收益的预估做到心中有数。

3. 电视广告播出情况监测

包括总体的广告播出监测和专门的广告监测，内容涉及播出时段、播出时间、播出频率及播出环境等，电视台是否按时播出广告是广告公司关注的问题；还有竞争对手的广告播出的情况也是广告公司关注的问题。专门的监测机构同时检测几十、上百个电视台的播出情况，广告公司可以购买任何需要的信息。也可以直接委托监测公司根据广告播出的日程安排来监测广告的播出情况。

（三）网络广告效果评估的方法

网络广告效果，是指网络广告作品通过网络媒体刊登后所产生的作用和影响，或者说目标受众对广告宣传的结果性反应。这样网络广告效果的评估结果的客观性与准确性大大提高；网络广告的优点之一就是互动性，网络受众在观看完广告后可以直接提交个人意见，由此产生点击率能反映出受众对广告信息的态度，广告主在很短的时间内收到反馈信息，然后就可以迅速对广告效果进行评估；广告主可以利用网络的统计软件方便准确地统计出具体数据。网上点击率是一个非常重要的广告效果评估指标，是传统大众媒体不可比拟的。

1. 广告曝光次数

广告曝光次数是指网络广告所在的网页被访问的次数，这一数字通常用Counter(计数器)来进行统计。假如广告刊登在网页的固定位置，它在刊登期间获得的曝光次数越高，表示该广告被看到的次数越多，获得的注意力就越多。但是，在运用广告曝光次数这一指标时，应该注意广告曝光次数并不等于实际浏览的广告人数。在广告刊登期间，同一个受众可能光顾几次刊登同一则网络广告的同一网站，或偶尔打开某个刊登网络广告的网页后，根本就没有看内容就将网页关闭了，此时的广告曝光率次数与实际阅读次数不相等。其次，广告刊登位置的不同，每个广告曝光次数的实际价值也不同。通常情况下，首页比内页得到的曝光次数多，但不一定是针对目标群体的曝光。第三，一个网页刊登几则广告的情形下，受众的注意力会分散到几则广告中，这样对于广告主的广告曝光的实际价值就很难统计了。总的来说，得到一个广告曝光次数，并不等于得到一个广告受众的注意，只可以从大体上来反映。

2. 点击次数与点击率

受众点击网络广告的次数就称为点击次数。点击次数可以客观准确地反应广告效果。而点击次数除以广告曝光次数，就可得到点击率，这项指标也可以用来评估网络广告效果，是广告吸引力的一个指标。如果刊登这则广告的网页曝光次数是8 000，而网页上的广告的点击3次数为800，点击率是反应网络广告最直接、最具说服力的量化指标，一浏览者点击了某网络广告，说明他已经对广告中的产品产生了兴趣，这个指标比曝光次数意义更大。

3. 网络阅读次数

浏览者在对广告中的产品产生了一定的兴趣之后进入广告主的网站，在了解产品的详细信息后，他可能就产生了购买的欲望，当浏览者点击网络广告之后即进入了介绍产品信息的主页或者广告主的网站，浏览者对该页面的一次浏览阅读次数。这个指标也可以用来衡量网络广告效果，它从侧面反映了网络广告的吸引力。

4. 转化次数与转化率

转化率最早由美国的网络调查公司提出的。转化被定义为受网络广告影响而形成的购买、注册或者信息需求。转化次数就是由于受网络广告影响所产生的购买、注册或者信息需求行为的次数，而转化次数除以广告曝光次数，即得到转化率。

（四）第三方检测公司简介

1. A.C. 尼尔森

1923 年由美国人 A.C. 尼尔森创建。它是全球领先的市场研究、咨询和分析服务的专业公司，服务对象包括消费产品和服务行业，以及政府和社会机构。在全球 100 多个国家里有超过 9 000 的客户。A.C. 尼尔森聘任认真负责的专业人士来测量竞争激烈的市场的动态，来理解消费者的态度和行为，以及形成能促进销售和增加利润的高级分析性洞识。自尼尔森公司开始，市场研究建立营销信息系统的工作成为营销活动不可分的有机体。

目前 A.C. 尼尔森在中国主要提供以下三大市场研究服务：①零售研究，覆盖全国主要城市和城镇的 50 多类非耐用消费品，并定期为客户提供有关产品在各地的零售情况报告；②专项研究，在中国 100 多个城市进行，内容包括单项和连续的定性、定量分析，帮助各行各业了解他们的消费者；③媒体研究，广告研究服务连续监测电视报刊广告投放情况，其结果可用来衡量媒介、产品和品牌所产生的收益，广告媒体在何时何处效果较好，同时了解竞争品牌的广告动态。

2. 央视—索福瑞

央视—索福瑞媒介研究有限公司，是中国央视调查与世界领先的市场研究集团——TN 索福瑞合作成立的中外合作公司，与 1997 年 12 月 4 日在北京注册成立。公司致力于专业的电视收视市场调查，为中国传媒行业提供可信的、不间断的电视观众调查服务。

央视调查咨询中心是国内最大的市场研究公司，拥有中国最大的媒介调查网络，在中国已有 10 多年的电视观众收视调查经验，对本土市场了解深刻。TN 索福瑞集团是世界上排名第四的市场研究集团，拥有最优秀的电视合作伙伴，带来雄厚的先进技术力量。两者的合作使 CSM 在当今世界纷纭复杂的市场中脱颖而出。

3. 零点调查公司

零点，不代表正，也不代表负，不偏不倚，不预设立场的客观中立调研研究机构，中国专业研究咨询市场的早期开拓者与前期领导者之一，它运用现代社会调查手段，管理诊断和政策分析技术，组合旗下的"零点调查"（专项市场研究）、"前进策略"（转型管理咨询）、"指标数据"（共享性社会群体消费文化研究）和"远景投资"（规范的投资项目选择与运作管理服务），侧重于为植根于大中华市场的杰出本土企业和国际化企业提供专业调查咨询服务，成为兼容国际视野和本土经验的调研咨询的知名服务品牌。"HORI-ZON"（零点）为受中国法律与《马德里国际公约》保护的国际注册服务商标。

"零点"成立于1992年，其业务范围为市场调查、民意测试、政策性调查和内部市场调查。"零点调查"接受海内外企事业、政府机构和非政府机构的委托，独立完成各类定量与定性研究课题。零点是广为受访对象、客户和公众所知的专业服务品牌。多年的发展经验使本公司更了解客户的需求，从而为客户提供更有针对性的服务。

4. 网络广告先锋

网络广告先锋的调查部对中国超过30家最大网络媒体进行检测。每月网络广告总结报告是由网络广告先锋的广告监测人员在每月初将上一个月所监测到的网幅广告、电子邮件网络广告、文字链接广告的投放情况加以整合而得出的一份综合性的网络广告报告。报告主要分为两个部分；第一部分是网络广告主的名称及编号对照表，其中包括网络广告主的网站名称、行业类型、联系地址、电话、邮政编码、联系人及联系方式等信息。报告每天记录被监测的网络媒体上出现的广告主信息，帮助用户及时把握网络广告主的情况。第二部分是有关网络广告的综合信息，在综合《每日网幅广告报告》、《每周电子邮件网络广告报告》、《每周文字链接网络广告报告》的数据信息基础上，统计出每个月内广告主投放网络广告所选择的媒体情况。从中可以了解不同行业类别的网络广告主在选择网络媒体投放网络广告时所考虑的相关信息。

【讨论题】

1. 什么是广告效果？进行广告效果评估对企业有哪些重要意义？
2. 如何进行广告方案反馈与效果测定，具体的内容与方法有哪些？
3. 现阶段，国内电视广告大致有哪些效果测定的方法？

【实训题】

表8–1　实训一

实训名称	麦当劳和肯德基电视广告效果比较
实训目的	通过实训使学生能够正确运用电视广告效果评估的指标和方法

续上表

实训要求	1. 以小组为单位完成 2. 分工协作,任务明确 3. 广泛收集相关资料,以市场调查为基础 4. 主要从认知率、视听率、心理效果、经济效果等方面进行效果评价与分析,并形成分析报告

【背景资料】

麦当劳和肯德基是世界著名的快餐品牌,它们经常利用广告进行自己的品牌产品宣传。请大家分别收集麦当劳和肯德基最近一段时期的电视广告,然后结合所学的知识,在进行市场调查的基础上,对麦当劳和肯德基广告从认知率、视听率、心理效果、经济效果等进行效果评价(见图8-5至图8-8)。

图 8-5

图 8-6

图 8-7

图 8-8

表 8-2   实训二

实训名称	为德芙爱情短片广告设计效果测评的调查问卷
实训目的	通过实训使学生能够正确掌握和运用广告心理效果事后测评的方法
实训要求	1. 个人独立完成 2. 按照广告心理效果事后测评的方法进行 3. 调查问卷可以采取多种形式 4. 侧重认知测评和态度测评

【背景资料】

　　2012 年，房祖名与郭采洁为德芙巧克力拍摄过三款爱情电视广告，讲述一对恋人从暧昧到在一起的过程，分为《书店篇》、《圣诞节篇》、《情人节篇》，被称之为《德芙三部曲》。贯穿在两人之间的情感媒介以及情感的助推器就是广告中宣传的产品——德芙巧克力，两人因德芙巧克力而结缘，运用了爱情的文化策略(见图 8-9 至图 8-11)。

图 8-9

图 8-10

图 8-11

第九章　广告策划书的撰写

【广告策划书的撰写流程图】

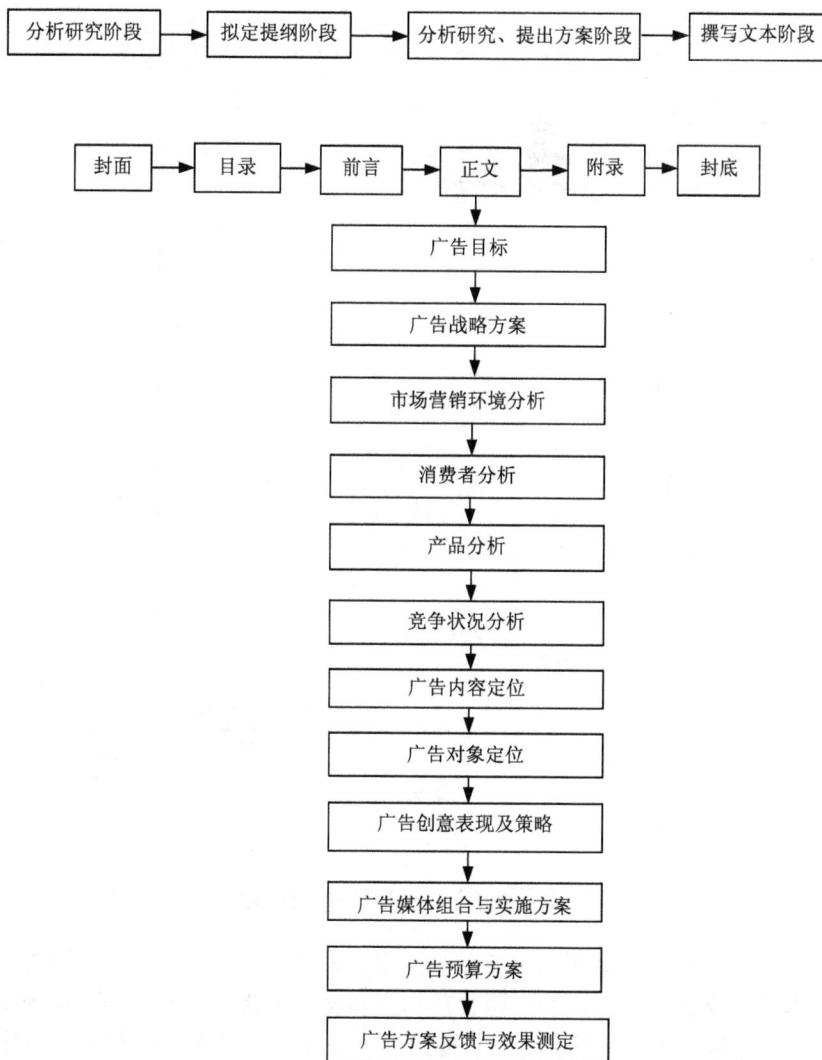

分析研究阶段 → 拟定提纲阶段 → 分析研究、提出方案阶段 → 撰写文本阶段

封面 → 目录 → 前言 → 正文 → 附录 → 封底

- 广告目标
- 广告战略方案
- 市场营销环境分析
- 消费者分析
- 产品分析
- 竞争状况分析
- 广告内容定位
- 广告对象定位
- 广告创意表现及策略
- 广告媒体组合与实施方案
- 广告预算方案
- 广告方案反馈与效果测定

【学习目标】

1. 掌握广告策划书的概念、用途、特征及其写作特点。

2. 掌握广告策划书的基本撰写程序。

3. 掌握广告策划书的基本格式。

【案例导入 9 - 1】

图 9 - 1

大众甲壳虫——想想小的好处

20 世纪 60 年代美国汽车市场是大型车的天下，大众的甲壳虫刚进入美国根本没有市场。后来广告大师伯恩巴克拯救了甲壳虫，提出"Think Small"的主张，运用广告的力量，改变了美国人的观念，使美国人认识到小型车的优点(见图 9 - 1)。

【案例分析】

（1）大众甲壳虫的广告从诸多方面表现产品特性——小的好处。

（2）理性为主的诉求策略，逆向思维的采用，广告画面的构图设计等，无不展现出产品的诉求点。

（注：广告创意及表现策略是广告策划书的重要组成部分）

第一节　广告策划书概述

【案例导入 9 – 2】

北京消费者对啤酒的选择关键在于味道，在北京消费者早已习惯于喝燕京啤酒，在燕京啤酒已经占据了北京啤酒市场份额超过 80% 的垄断情形下，为了能争得一块北京啤酒市场的蛋糕，青岛啤酒于 2004 年 12 月 30 日，宣布将大举进军北京市场，此举青岛啤酒已经酝酿了三年之久。青岛啤酒在市场调查与预测分析的基础上，策划出一套完整的广告策划方案，从消费者调查、公关、广告活动、企业赞助等市场打入的前期运作到"啤酒推广互动"、"终端生动化品牌体验"、"销售终端定位"等实务活动的开展，同时大打"麦香"口感之卖点来争取消费者的认可。在一浪高过一浪、层层推进的宣传策略下，青岛啤酒最终顺利打入北京市场，取得了 20% 的啤酒市场份额。

【案例分析】

（1）优秀而具有可行性的广告策划书是企业或品牌获得市场成功的基础，是广告活动的实施指导纲要。

（2）优秀广告策划书的形成应建立在充分的市场调查的基础之上，包括对竞争对手、目标消费者的把握，以及极高的广告创意和广告表现等诸多方面。

一、广告策划书的概念

把广告策划的意见撰写成书面形式，以体现广告策略和广告计划的报告书，称作"广告策划书"。广告策划书是由广告策划者根据广告策划的结果撰写，提供给广告客户审核、认可，为广告活动提供策略指导和具体实施计划的一种应用性文件。它是对广告决策的总体归纳和对实施过程的总体表述。

二、广告策划书的用途

（1）对广告公司而言，广告策划书是广告策划的成果体现，是广告人向广告客户陈述广告策划的重要文本。撰写广告策划书的目的是将广告策略整理成正规的提案给广告客户。

（2）对广告客户而言，广告策划书是广告策划的实施纲要，是检查广告公司策划工作的重要依据。广告客户根据广告策划书判定广告公司对广告策略和计划的决策是否符合自己的要求。

（3）对广告活动而言，广告策划书既是对一系列思维策划活动的总结，在经过广告客户认可后又是广告策划实施的开始。经过商讨决定下来的广告策划书是广告活动的唯一依据。

三、广告策划书的特征

（一）超前性

广告策划是一项立足现实、面向未来的活动。从程序上看，广告策划书的撰写是在广告活动开始之前进行的，在撰写广告策划书时，要考虑到广告活动所涉及的广告目标、对象、媒介、预算、设计、制作等各方面因素。只有做到超前性才能有效地把握广告全局。

（二）目标性

广告策划书必须具有明确的目标，如果广告偏离了既定目标，所得出的策划方案只能流于形式，而无法解决实际问题，造成广告巨大的浪费。因此，广告策划书必须围绕目标展开，以帮助广告主达到目标、解决问题作为根本出发点。

（三）系统性

广告策划作为一个整体，是由许多彼此联系和相互作用的要素所构成的，它涉及广告活动的各个方面。广告策划书必须要全面地反映广告策划的各个环节、要素，不仅要将广告策划的内容完整全面地表达出来，而且要以翔实的材料支持策划书中的论点。在信息组织上，要注意总体把握信息，并对不同信息进行归类，要尽量避免运用大量的同类信息和不断重复使用信息。在众多信息之中，要分清主次，同时要理解信息之间的相互关系。将广告策划的各个环节、要素，有步骤、有计划地组合起来，使其呈现出一个统一完整的体系，从而保证策划书能够有理有据，科学严谨，以指导整个广告活动的运作。

（四）指导性

广告策划书是一份行动纲领，它对整个广告活动的实施具有指导性。广告策划书一旦制订完成，就成了广告活动必须遵守的行动准则和努力方向，所有活动都必须围绕它来展开。

四、广告策划书的写作特点

广告策划书是一种专门性策划文体，由于其不同于其他文体的写作特点，在行文表述中就产生了许多具体的要求。它既包括语言表达、结构组织方面的要求，也包括版面设计、字体运用等技巧。策划人员既要善于运用娴熟的文字表现技巧使策划文本行文流畅、容易阅读，又要通过美观的版面和字体设计技巧来吸引读者。

（一）语言简洁朴实

精练简洁、言简意赅是对广告策划书语言文字的基本要求。广告策划书是提交给广告主审阅的广告策略纲要和广告实施计划，它承担一个至关重要的任务，就是要说服广告主，获得认同。因此在写作上必须努力设法接近读者，要尽量了解接受者的情况，包括人数、年龄、地位、理解能力、思考方法等，根据对象的接受特点，对策划书的写作方式加以相应调整。

（二）表达具体准确

首先，广告策划书的语言表达必须明白准确，无论是文字说明还是表格显示，都应避免使用含糊不清，易引起歧义的语言和形式。其次，广告策划书的内容应该明确具体。另外，要注意在写作时尽量使用归纳法，而不是用推论。要实事求是，不主张主观臆断。

（三）层次分明规范

思路清晰、条理分明、行文规范是广告策划书写作的又一个要求。广告策划书的内容繁杂，因此一定要层次分明。广告策划书的内容要按照一定的逻辑顺序展开，各个部分之间要层次分明、井井有条。一般来说具体内容之间的安排要用小标题标明，使人一目了然。

（四）资料有根有源

广告策划者在编制广告策划书时，要用大量的相关资料，以证明结论和建议的合理性和可行性。在运用相关资料时，必须注明资料的来源，是通过调查取得的，还是通过其他途径搜集的。资料的可信度有多大，资料的时效性如何，资料的保密性如何等，都要在广告策划书中注明，以增加策划方案的可信性和策划书的说服力。

第二节 广告策划书的撰写程序和格式

【案例导入 9 - 3】

伊利纯牛奶系列广告文案

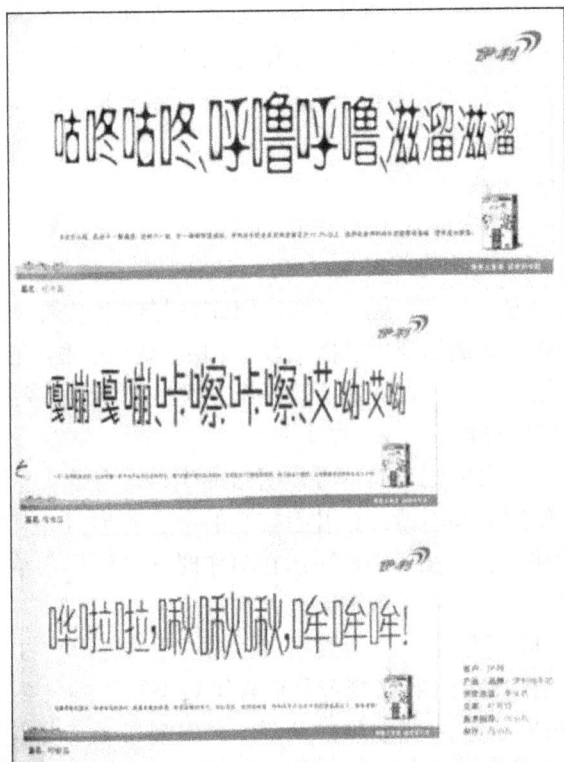

图 9 - 2

　　广告文案(一)：无论怎么喝，总是不一般香浓！这种不一般，你一喝便明显感到。伊利纯牛奶全乳固体含量高达 12.2% 以上，这意味着伊利纯牛奶更香浓美味，营养成分更高！

　　广告口号：青青大草原 自然好牛奶

　　广告文案(二)：一天一包伊利纯牛奶，你的骨骼一辈子也不会发出这种声音。每 1 100 毫升伊利纯牛奶中，含有高达 130 毫升的乳钙。别小看这个数字，从骨骼表现出来的会大大不同！

　　广告口号：青青大草原 自然好牛奶

　　广告文案(三)：饮着清澈的溪水，听着悦耳的鸟鸣，吃着丰美的青草，呼吸新鲜的空气。如此自在舒适的环境，伊利乳牛产出的牛奶自然品质不凡，营养更好！

　　广告口号：青青大草原 自然好牛奶

【案例分析】

　　(1)这三则系列广告，除角落里的品牌标志及产品包装外，没有任何图形。画面中心，巧妙地利用汉字字形的精心编排设计，通过一系列的象声词，分别表现人们迫不及待地喝牛奶的声音；因缺钙而导致的骨骼碎裂的声音；以及乳牛在舒适的环境中惬意地吃草听鸟鸣叫的声音，调动受众的想象和联想，形成视觉冲击力。

　　(2)广告文案对画面主体文字作了形象的说明、注释和深化，道出了伊利纯牛奶诱人的浓香、纯真精美的品质和饮用后的效果及其根源，非常具有说服力。

　　(注：广告文案是广告策划书的重要组成部分)

一、广告策划书的撰写程序

　　(一)分析研究阶段

　　这是撰写广告策划书的准备阶段，主要收集有关市场、产品、消费者等方面的资料，加以分析。可以把所有需要的资料列出来，然后分析其中哪些资料已经掌握，哪些资料还缺乏。针对缺乏的资料，需要通过什么方式获得，进而确定调查计划。通过调查，对获得的资料进行统计、分析，做出完整的调查研究报告，这份研究报告是撰写广告策划书的基础。

　　(二)拟定提纲阶段

　　在分析研究的基础上，拟定广告策划书的写作提纲，并标出核心内容和各个部分的重要程度。

　　(三)分析研究、提出方案阶段

　　本阶段主要从微观的角度，从实际操作角度，对广告战略、策略的每一个细节进行研究分析，形成具体的可行性方案。

　　(四)撰写文本阶段

　　在广告策略思路和操作细节都基本清晰的情况下，可以着手撰写广告策划书。广告策划书的基本格式可以参照本节以下内容。

二、广告策划书的撰写格式

广告策划书并没有一成不变的格式。在实战过程中，根据广告策划要解决的问题不同，策划内容和编制格式也有所不同。但是一份完整的广告策划书必然围绕着市场和广告推广进行撰写，因此其中有些要素是共同的。这里提供一个范本，作为广告策划书格式和要求的参考。

（一）封面

正规的广告策划书应该包括一个要素齐全的封面，策划书的封面应该向读者提供以下信息：

（1）策划书的标题。

（2）服务的客户名称。

（3）策划机构和策划人的名称。

（4）策划完成的日期。

（5）策划书的编号。

其中，标题直接反映策划书的主要内容。标题一般采用直述式，将客户名称和广告信息的主要内容直接写进标题中。有时也采用主标题和副标题的双重形式表达，将广告主题作为策划书的主标题，再用直述的方式概括出策划书的名称作为副标题。

在策划书中提供广告策划小组名单可以向广告主显示广告策划运作的正规化程度，也可以表示一种对策划结果负责的态度。在名单中，应该包括所有成员的姓名、职责、所属部门和广告策划书的执笔人。

（二）目录

目录实际上是策划书的简要提纲，可以使人了解策划的思路及策划书的整体结构。在目录中，应该列举广告策划书各个部分的标题及页码，一方面可以使策划文本更加正式和规范，另一方面可以使阅读者方便地查找想要阅读的内容。目录所列标题的层次应该与文本标题层次完全一致，上一级标题与次一级标题以不同的字号或者不同的字体相区分，并且次一级标题应比上一级标题缩进两格，同级标题应纵向对齐。

（三）前言

策划书的前言应简要说明制订本策划书的缘由、广告主目前的处境及其面临的问题，并希望通过策划能解决什么具体问题。或者简单提示本策划的目的、总体构想、进行过程等，使客户在未深入阅读之前就有大致的了解。

（四）正文

1. 广告目标

广告目标是指特定的广告策划活动所要完成的沟通任务和所要达到的沟通程度。确定广告目标是广告策划中各项活动的中心，是开展广告策划活动首要解决的问题。对广告目标科学合理的阐释，也是编制广告策划书的重要内容。

从某种意义上说，广告目标是广告策划者提供给广告客户的一种承诺，它必须符合广告客户对广告活动所能达到的特定效果的期望。因此，广告目标一要符合实际，二要采用定量方式。只有切合实际，才能增加达到目标的可能性，只有定量才具有可测量性。

2. 广告战略方案

战略是泛指重大的，带有全局性和决定性的计谋。同样，作为广告策划重要内容的广告战略策划是一定时期内企业广告活动的指导思想和总体结构，具有全局性、长远性、方向性、抗衡性和指导性。广告战略策划是广告策划中的最高决策行为，引导广告活动的目标和方向，制约广告活动的手段和方法，关系到企业广告活动的成败，影响到企业经营的成败。

广告战略区别于广告策略。它并不是着眼于局部的广告活动、短期的广告行为以及为眼前利益所做的具体安排，而是具有全局性、长远性、方向性、抗衡性和指导性的谋划。因此，在拟定广告战略内容的时候，广告经营者应该充分考虑到企业经营发展过程中环境和条件的变化，注意避免战略内容过于细化和毫无弹性。任何僵硬、琐碎的规定只会给企业的广告活动和广告策划带来束缚和禁锢。

3. 市场营销环境分析

企业的市场营销环境由两个部分构成：市场营销的宏观环境和市场营销的微观环境。前者指的是影响企业市场营销宏观环境的社会因素，包括人口环境、经济环境、自然环境、技术环境、政治环境、法律环境和社会文化环境等。后者与企业密切相关，影响企业为顾客服务的能力，包括企业自身、企业的供应商、产品的批发商和零售商、顾客、竞争者和广泛的消费者。

企业的广告策划方案，是用来让企业成长、扩张和获利的。因此，广告策划必须考虑企业所处的环境，使策划活动帮助企业在大环境中求生存，并取得更大的发展。市场营销环境分析，是广告策划活动的前提和依据，策划者必须通过分析认识并发现市场中存在的机会和威胁，并据此作出相应的对策。

由于市场营销环境的种类繁多，并且关系复杂，因此，在概括时必须抓住重点的进行分析，在各要素分析完成后，应对其中的要点按照机会和问题进行分类总结。以下是市场营销环境分析的要点，可作为参考。

(1)市场营销的宏观环境分析。

①市场的宏观经济形势，包括经济态势、消费态势、产业的发展政策等。

②市场的政治法律背景，包括政治因素、法律因素、地区法规和规定等。

③市场的文化背景，包括企业的产品或广告与目标市场的文化背景有无冲突之处，有无可能调和冲突等。

(2)市场营销的微观环境分析。

①企业和供应商的关系。

②企业和批发商的关系。

③企业和零售商的关系。

(3)市场概况。

①市场的规模，包括市场可能容纳的最大销售额、当前市场的销售额、潜在的销售能力、未来市场规模的变化趋势等。

②市场的构成，包括当前市场上的主要品牌、各品牌所占据的市场份额、未来市场构成的变化趋势等。

③市场构成的特性，包括市场有无季节性、有无暂时性、有无其他突出特点等。

(4)市场营销环境分析的总结。机会与威胁、优势与劣势及重点问题。

4.消费者分析

在所有影响企业市场营销的要素中，由消费者构成的市场无疑是最重要的。对消费者市场的需求和行为的把握，是竞争环境下制订广告策划的出发点和基础。广告策划必须将对消费者的分析放在第一要素上。

对消费者市场分析，最主要的就是对目标市场上消费对象的描述和概括。有关人口统计因素，如年龄、性别、籍贯、收入、教育程度、民族、职业、家庭状况等，在这里可以得到充分的运用。其中尤为重要的，是对本产品或品牌的消费购买状况和市场占有率情况的分析。要从中了解消费者和潜在消费者的基本生活形态以及他们对本产品或品牌的态度倾向，才能为广告推广提出积极的建议。

科学准确地描述出广告目标消费者，将会使广告策划方案更加具有操作意义。对消费者分析的要点包括：

(1)消费者的总体消费态势。现有的消费时尚和潮流，以及这种消费时尚对本企业产品是否有利等。

（2）现有消费者分析。

①现有消费者的构成：现有消费者的总量、年龄、职业、收入、受教育程度、地区分布等。

②现有消费者的行为：现有消费者的购买动机、购买时间、购买频率、购买数量、购买地点等。

③现有消费者的态度：现有消费者对本品牌的认知程度、偏好程度、美誉度、指名购买程度以及使用后的满足程度等。

（3）潜在消费者分析。

①潜在消费者的构成：潜在消费者的总量、年龄、职业、收入、受教育程度、地区分布等。

②潜在消费者被本品牌吸引的可能性：潜在消费者对本品牌的态度如何、潜在消费者未满足的需求有哪些等。

（4）消费者分析的总结。机会与威胁、优势与劣势、重点问题。

5. 产品分析

产品是指企业向市场提供的能满足消费者或用户某种需求的任何有形产品或无形服务。有形产品包括实体及其品质、特色、式样、包装等；无形服务包括可以给买主带来附加利益和心理上满足感及信任感的售后服务、保证、产品形象、销售者声誉等。

产品是企业市场营销的根本。对产品的分析与决策直接影响和决定着其他市场营销组合因素的决策制定。产品分析主要包括产品特征分析、产品生命周期分析、产品品牌形象分析和产品定位分析。

对产品进行分析的主要目的在于明确产品的特性、产品的优势和劣势，因此在上述分析完成后，也应该在机会与问题之间进行总结，提出明确的结论。在语言上要尽量明确具体，在表述上也力求简要概述。下面是产品分析的内容包括。

（1）产品特征分析。包括产品的性能、质量、价格、材质、生产工艺、外观、包装、与同类产品的比较等。

（2）产品生命周期分析。包括产品所处的生命周期及主要表现等。

（3）产品的品牌形象分析。

（4）产品定位分析。

①企业对产品的定位，以及产品定位是否合理。

②消费者对产品定位的认知，包括消费者认为产品定位如何，消费者认

知的定位与企业设定的定位是否符合、产品定位是否达到了预期的效果等。

（5）产品分析的总结。机会与威胁、优势与劣势、重点问题。

6. 竞争状况分析

在现代市场经济的竞争环境中，对自己和竞争对手的了解对于企业同样重要，企业除了要准确把握目标市场的需求和利益，在自身产品和服务上不断创新和突破外，还必须正确分析竞争对手的市场动势，明确竞争对手在做什么，及其可能的发展方向，发现竞争对手的弱点，并展开相应的竞争活动。

（1）企业与竞争对手的比较。

①企业的竞争对手分析：主要竞争对手的基本情况、竞争对手的优势与劣势等。

②企业在竞争中的地位，包括市场占有率、消费者认知程度、企业自身的资源和目标等。

③企业与竞争对手情况总结，包括机会与威胁、优势与劣势及存在的主要问题。

（2）企业与竞争对手的广告分析。

①企业与竞争对手以往的广告活动：广告活动开展的时间、地点、目的、策略、费用、周期等。

②企业和竞争对手以往广告的效果分析：广告在改变消费者态度方面有何效果、在改变消费者行为方面有何成效、在直接促销方面有何作用等。

（3）总结。竞争对手在广告方面的优势与劣势，企业自身在广告方面的优势与劣势。

7. 广告内容定位

广告内容定位，就是广告说什么的问题。在消费者接受一类产品时，他所能接触到的有关企业和产品的信息非常丰富，这些信息从不同角度反映产品和服务的性质，每个信息都有其特定的意义。但是，由于广告创意的限制和个人的接受能力，并不是所有的信息都需要传达，这就必须确定广告所需传达的主导信息，即诉求重点。诉求重点确定的依据主要是产品本身的特点，尤其是比较其他同类产品的特异之处以及消费者的需求特性。

广告策划书中，对广告诉求重点进行分析应包括对广告对象需求的分析、对产品特性的分析，并把这些信息与广告目标结合起来，从中提炼出广告的诉求重点。

8. 广告对象定位

广告对象是指广告信息的传播对象及信息接收者。广告对象策划的最终目的是解决广告做给谁的问题。在广告策划书中，对广告对象进行分析时，首先应该明确表述广告对象的范围，再对其基本情况进行阐述，如广告对象横向的人口统计学特征：年龄性别、职业阶层、收入状况、消费水平、文化程度、人口总数及地区分布等。并且在此基础上，还要分析他们纵向的消费者特性，如需求特征、心理特征、行为特点、消费习惯等。

在对诉求对象的全面分析的基础上，广告的定位才能合理准确，并借诉求对象的特点，对广告策略提出合理建议，使人信服。

9. 广告创意表现及策略

狭义的广告表现是指运用各种符号，并将之有机组合将广告创意表达出来的过程，即将广告创意转化为广告作品的过程。如果对广告表现的认识只是抓住了广告表现的过程中的一个环节——从创意到作品，就会忽视了广告表现的策略性、全局性和整体性。实际上，在广告运作中，广告表现是以广告整体策略为依据，与广告运作的全局相关联，为广告的实施提供成形的、可供广告媒体发布的广告作品的全过程。它应该包括广告信息物化过程前的广告主题决策过程，广告创意过程以及广告信息物化之后的广告作品的设计和制作过程。而广告表现策略，就是包含在广告的整体策略中的，关于广告信息的有效传达方式的指导方针。因此，广告的创意表现策略部分应包括广告主题策略、广告创意策略及广告作品表现策略三个方面。写作要点包括：

（1）广告主题。

①对广告主题的表述。

②广告主题的依据。

（2）广告创意。

①广告创意的核心内容。

②广告创意的说明。

（3）广告作品的表现。

①各种媒体广告作品的风格。

②各种媒体广告作品的文案表述。

③各种媒体广告作品的规格、材质及制作要求。

在策划书的写作过程中，对广告的主题和创意的表述应该翔实具体、明确清晰，最好附有已基本成形的广告作品小样，如平面广告作品的样本、电视广告作品的分镜头脚本、广播广告作品的脚本等。

10. 广告媒体组合与实施方案

所谓广告媒体组合，即指在同一时期内，运用两种或两种以上的媒体发布大致相同的广告内容的广告传播方法。现代广告随着媒体的不断开发，媒体可供选择的余地越来越大，由于不同媒体具有不同的特性，针对不同产品、不同顾客和不同地区，媒体之间成本也有不同。所以，为了达到广告传播的预期效果，广告策划中往往需要通过不同媒体之间的优势互补才能完成对目标市场的覆盖，即通过媒体组合，以最佳的时间和最有效的方式把广告信息传递给各目标消费者，以尽量低的成本达到最满意的广告效果。

这部分内容主要应包括以下几点：

(1)媒体的选择与组合方案。媒体针对的地区，选择媒体的种类，以哪种媒体为主，哪种媒体为辅等。

(2)媒体选择与组合的理由。

(3)媒体的位置、版面。

(4)媒体的使用频率。

(5)媒体预算分配。在广告活动中，一般80％的费用是用来购买媒体时间和空间的，在媒体组合过程中要把不同媒体的使用费用进行预算分配，作为全部预算分配的独立部分详细列出来。

(6)其他促销活动组合方案。

11. *广告预算方案*

广告预算是广告策划书的重要组成部分，是一个如何安排、使用广告经费的具体的资金使用计划。广告预算是指广告策划者在广告策划过程中，为实现企业的战略目标，根据一定时期内广告活动的具体计划对广告活动所需经费总额及其使用范围、分配方法等进行的预先估算和筹划。

在广告预算中，广告策划者要将本次广告活动所需的广告费用总额明确地列出来，并对其分配情况进行阐述。广告预算通常以广告预算书的形式编制。广告预算书是以文字、图案和数据的形式对广告活动所需的经费和支出计划情况的说明。

12. *广告方案反馈与效果测定*

广告方案反馈与效果测定是对广告策划方案的实施情况进行检查和评价，更重要的是随时对广告活动的情况进行反馈与控制，从而保证整个广告活动能够按照预定的计划与目标有效的进行，广告方案反馈与效果测定可在广告方案实施前进行，也可在广告方案实施过程中，或实施结束后进行，既有阶段性的事前测试、事中测试和事后测试，又有贯穿于决策实施过程中的连续性控制。

(五)附录

广告策划书的附录应该包括以下几方面的内容：一是对策划书中需作说

明的内容，在这部分里做简明的解释；二是对策划书中相关内容有重要参考价值和作为重要证据的相关材料；三是报刊或其他印刷广告的小样、电视广告脚本或解说词、广播广告的解说词、促销的串词等。

（六）封底（略）

第三节　广告策划书范例

【案例 9 - 4】

毛毛牌系列速冻食品广告策划书

封面

哈尔滨毛毛食品有限公司

毛毛牌系列速冻食品沈阳地区广告策划书

勇信行销机构

2011 年 2 月

编号：0006

广告策划小组名单（略）

目录（略）

前言

勇信行销机构受哈尔滨毛毛食品有限公司委托，进行毛毛牌系列速冻食品在沈阳地区的广告活动策划。本策划根据双方协议，于 2011 年 3 月开始，至 2012 年 3 月结束，历时 12 个月。

本策划书是在对沈阳市场进行了 3 个月深入调查的基础上，经过仔细研究和慎重考虑之后编写的方案文本，涵盖了本次策划运作的全部内容。

正文

一、广告目标

通过一年的广告和促销活动，使毛毛速冻食品在沈阳地区的市场占有率提高 5% ~ 8%。

二、广告战略

哈尔滨毛毛食品有限公司是中国大型速冻食品生产厂家之一。工厂面积两万多平方米，职工千余人，拥有一批国家级专业从事面粉、肉类、有机蔬菜、烹调、调味品方面的专家，组成了针对面皮、馅、汤汁、颗粒度、口感等方面进行好吃研究的技术队伍。产品主要以"毛毛"牌速冻水饺为主，速冻包子、速冻馄饨、速冻饼类、速冻汤圆、速冻面点、速冻肉串为辅，共计 7 大类，60 多个品种，年生产能力 3 万余吨。以哈尔滨、沈阳、长春、北京为销售网络中心，并逐步向全国拓展。

毛毛系列速冻产品在沈阳市场比较受年龄大消费者的认可，知名度和美誉度都较高。但在中青年消费者中，这个老牌子的知名度并不高，中青年消费者还没有对此品牌形成有效认知，从而导致产品在市场上居不利态势。针对目前这种情况，广告决定为企业制订"以点带面"的广告战略，即以宣传一种主打产品为主，进而带动其他产品的销售。"毛毛"牌速冻水饺是其主打产品，并且在同类产品中优势比较突出。另外，速冻饺子是中国的传统美食，受到南北方消费者的普遍欢迎，在外来人口较多的沈阳地区市场需求量很大，因此决定以"毛毛"牌速冻水饺为突破口，围绕其制订广告策略方案。

三、市场营销环境分析

(一)市场营销宏观环境分析

1.不断提高的生活质量和食品零售总额。近年来，追求生活质量的提高成为沈阳消费者的普遍需求，由此也带动了食品零售总额的大幅度提高，"毛毛"食品所面临的正是这样一个规模不断扩大的食品市场。

2.追求高质量和多元化的食品消费。在食品消费量持续增长的同时，沈阳市场的食品消费还呈现出以下两个特点：①食品品种呈多元化发展，新品种不断增加，而且受到消费者欢迎。②追求"绿色食品"，营养保健，方便快捷成为食品消费的新趋向。这正为速冻食品提供了良好的市场契机。

(二)市场营销微观环境分析

1.企业与供应商的关系。由于哈尔滨毛毛食品有限公司实力雄厚、资金充足，因此可以得到供应商的信任，在原料供应方面不存在任何问题。

2.企业与零售商的关系。由于企业没有进行广告和促销活动，因此销售情况不很理想，零售商获利很少，所以他们对销售产品的积极性也受到影响，企业营销渠道方面多作努力。

3.企业与批发商的关系。由于零售贯彻不够顺畅，使批发商面临的压货现象严重，影响了正常资金流通和货物流通。

(三)营销环境分析总结

1.市场机会。对速冻食品的需求会导致整个市场将继续扩大。

2.**市场威胁**：由于这是一个比较客观的市场，而且尚处于刚刚开始发展的阶段，预计将有更多品牌，尤其是合资和独资品牌加入市场的争夺。外地区的优质产品也会强势进入并瓜分市场。

3.企业在市场中的优势：毛毛企业具有比较雄厚的实力，是较早进入沈阳速冻食品市场的外地品牌，因此有能力改变产品在市场上的现状。

四、消费者分析

（一）消费者主要消费的总体趋势

1.外购主食增加，家庭加工主食减少。

2.市场上的加工主食以面食为主，面类主食消费增加，米类主食消费减少。

3.包装食品增加，散装食品减少。

（二）消费者选择食品的一般观念

对消费者进行关于主食消费的抽样调查表明，消费者选择食品的观念具有以下特点（见表9-1）。

表9-1　消费者选择食品特点

是否符合自己的口味或感觉	60%
比较品质	33%
依对企业的信任程度选择	31%
考虑商场的服务或者信誉	24%
按包装外观的好坏选择	20%

其中，食品的口味和感觉、品质、对企业的信任程度是最为重要的因素。对口味和品质的认识主要来源于自身的经验和广告，而对企业的认识则主要来自企业的广告。

（三）不同年龄消费者购买食品的场所（见表9-2）

表9-2　不同年龄消费者购买食品场所

主要的年龄层	场所
20~30岁	购物中心
30~40岁	超级市场
40~50岁	综合商场
50岁以上	杂货店
各年龄层	副食店

其中副食店和菜市场是消费者购买食品的主要场所,其消费群体包括了各个年龄层。超级市场也是购买食品比较多的场所,消费者以中青年为主。

(四)消费者购买食品时比较喜欢的促销方式(见表9-3)

表9-3　消费者购买食品时比较喜欢的促销方式

多买多送	26%
打开包装有奖品	16%
容量增加但是价格不变	13%
降价或者打折	11%
送不同品种的礼品	10%

(五)现有消费者分析

1.现有消费者群体的构成。

总量:占消费者总数的37%。

年龄:主要在25~45岁之间,即以中青年为主。

性别:女性购买速冻主食的比例明显高于男性,是速冻主食主要的购买者。

其他特征:追求时髦、注重休闲、衣食起居比较缺乏规律。收入在中等以上,没有明显的职业和受教育程度的区别,但是工作时间不确定、工作较忙的比例较高。

2.现有消费者的消费行为。

购买动机(见表9-4)。

表9-4　购买动机

年龄	早餐	午餐	晚餐	宵夜
总比例	16%	44%	36%	4%
男性	12%	44%	38%	6%
25~29岁	10%	34%	46%	10%
30~34岁	8%	50%	30%	12%
35~39岁	21%	45%	31%	3%

续表

年龄	早餐	午餐	晚餐	宵夜
40～44 岁	17%	58%	25%	2%
女性	20%	43%	32%	5%
26～29 岁	20%	38%	34%	8%
30～34 岁	21%	40%	32%	7%
35～39 岁	28%	44%	24%	4%
40～44 岁	17%	30%	49%	4%

上面的统计表明，多数消费者购买速冻主食主要是为了午餐食用，而用作早餐的比例非常低。这与中国人的饮食习惯关系密切，而且由于这些习惯很难改变，所以企业在营销和广告诉求中，不应该以说服消费者购买本产品作为早餐为目的，除非企业特别推出专供早餐食用的产品。

购买的时间：多数消费者在一周的某一天（一般为周末）集中购买，部分消费者在不固定的时间应急购买。

购买的频率：从每次1袋到6袋不等，有消费习惯的消费者月平均购买量在4公斤左右。

消费的主要品种：消费者消费最多的速冻主食依次为水饺（85%）、馄饨（9%）、包子（6%），其他品种则很少。

消费者的品牌忠诚程度（见表9－5）。

表9－5　品牌忠诚程度

消费者	事先决定品牌，买不到就转换购买场所	事先决定品牌，买不到就转换品牌	事先没有决定品牌，临时决定品牌
全部消费者	30%	29%	41%
男性	25%	30%	45%
女性	33%	27%	40%

由此可见，多数消费者在购买时有品牌的观念，但是品牌忠诚度较弱。这也是"毛毛"可以利用的机会，因为消费者尚未形成非常稳固的品牌忠诚，"毛毛"就可以利用广告来提高消费者对本品牌的认知，逐步培养忠诚消费者。

(六)潜在消费者分析

1. 潜在消费者的特征：

在调查中发现一个现有的多数产品都没有充分开发的潜在消费者群体，他们具有以下的特征：

年龄：20 岁左右，独立生活但是还没有形成独立的家庭；45 岁以上，独身生活。

职业和收入：一般分布于中等收入以上的职业。

受教育程度：一般受过中等以上的教育。

心理特征：希望稳定的、比较高质量的生活，没有固定的就餐场所，但是由于卫生和身份的考虑很少到街头摊点和街头餐馆就餐。

2. 潜在消费者现在的购买行为：他们现在主要消费方便面、汉堡包等快餐食品。由于这些食品口味比较单调，而且缺少家常口味，因此他们对这些产品有一定程度的厌倦感。他们有能力消费速冻食品，但是由于速冻食品的广告主要针对家庭进行诉求，所以他们对于速冻食品的关心度不够，需求还没有被充分调动起来。

(七)消费者分析的总结

1. 现有消费群体：以中青年为主、具有中等以上收入，但是没有家庭自制饺子的习惯。

2. 现有消费者的需求：方便、口味、应急。

3. 现有消费者的消费行为：主要在副食品、菜市场和超市购买，多为集中大量购买，具有比较高的指名购买率，但是品牌忠诚度较低。

4. 现有消费者的态度：现有消费者对速冻饺子的口味、馅型、煮后形状存在明显的不满。

五、产品分析

(一)产品特征分析

1. 产品的质量：

(1)产品质量较高。

(2)企业凭借先进的技术和设备能够继续保证现有产品的质量。

(3)消费者对产品质量比较满意。

2. 产品的价格：产品价格与产品的质量比较吻合，基本做到优质优价。

3. 产品的品种：

(1)产品现有两个系列 6 个品种，在数量上居于同类产品的一般水平。

(2)与同类产品相比，没有特有的品种。

（3）有些同类产品已有的品种，本产品没有。

4.包装设计：

（1）产品包装缺乏鲜明的特色。

（2）系列产品的包装没有体现出系列的特色。

（二）产品的品牌形象分析

1.企业所赋予产品的形象。

在开发产品之初，企业的唯一目的是生产一种优质的速冻产品，改变消费者对于速冻水饺都是口味不好的产品的形象。但由于企业并没有对这种优质优价的形象有意识的宣传，在产品的包装上也没有明确的考虑，使得消费者对产品形象的认识相当模糊。

2.消费者对产品形象的认知。

在对消费者的访谈中，部分消费者认为"毛毛"是一种没有什么特色的产品，即使有新的产品也不愿意尝试，而且产品的包装也比较简陋，与产品的老品牌形象不符，很难让消费者转变观点。

（三）产品定位分析

1.企业对产品的预期定位。

企业将产品定位于"家庭美食"，即针对不愿意自己动手包饺子的家庭，满足他们又怕麻烦又想吃好的心情。企业虽然没有通过广告向消费者直接传达，但是产品的包装上已经非常明确地体现了这一定位。

2.消费者对产品定位的看法。

消费者对"家庭美食"这一定位持有与企业不同的看法。多数消费者认为，想吃真正好吃的饺子，要么自己动手，要么到餐馆里去吃，吃速冻饺子无非是为了方便，多数的速冻饺子都没有"美味"可言。就产品本身看来，虽是老字号或者特别的品种，但是口味接近家常，已经可以说是美味，因此产品本身与定位并非不符。产品定位不能得到消费者认同的主要原因在于，没有将定位作有效的传达。

3.产品定位的效果。

从产品的预期和消费者实际的反应来看，企业对产品的这一定位并没有收到预期的效果，而且这一定位在实际的市场营销中也遇到了困难。

（四）产品分析的总结

1.优势：

（1）质量接近同类产品。

（2）接近家常口味。

(3)形状美观而且煮后不变形。

2.劣势：

(1)产品包装质量低，不能体现其内在质量。

(2)产品形象模糊。

(3)定位不被消费者所认同。

六、市场竞争状况分析

(一)企业在竞争中所处的地位

1.市场占有率：

产品的市场占有率不高，企业在现阶段不是速冻主食市场的领导者，但是，企业也并没有采取策略成为市场的跟进者或者挑战者，因此企业在市场竞争中的地位也比较模糊。

2.消费者认知：

多数消费者在购买同类产品时，将"思念"或者"三全凌"作为第一选择的品牌，而仅仅将"毛毛"作为第三位或第四位的备选品牌，"毛毛"在与前两个品牌争夺消费者时明显处于比较不利的竞争地位。

(二)企业竞争对手的基本情况

思念、三全凌、湾仔码头三家企业都是速冻食品市场的主要竞争者，但并不都是毛毛企业直接的竞争对手。纯粹以高质量、高价格的产品进行营销的湾仔码头的市场占有量较低，不会对毛毛构成太大威胁。思念和三全凌都在市场竞争中居于比较有利的地位，可以视为企业的最主要的两个竞争对手，企业可以以挑战者的姿态向两者发起竞争攻势。

思念和三全凌上市的时间较长，而且有比较成功的广告活动的支持和广泛认同，因此毛毛想要在短时期内提升市场占有率，就需要比较高的广告费用投入，风险较大。

七、广告内容定位

毛毛广告诉求重点：毛毛食品保留了传统面食的口味和文化内涵，同时以现代科技将传统美味发挥得更加出色。

这一诉求重点，是在充分结合产品的特点和消费者需求的基础之上，经过反复思考、论证而确定的。首先从产品的特点来看，毛毛食品在同类产品中的优势主要表现有几个方面：口味接近于家常口味，接近传统；馅型接近于家庭自制，口感较好；煮后不易变形，形状美观。而消费者的需求主要集中于两个方面：方便和美味。对于方便的需求，一般的速冻食品都可以满足，但是对于美味的需求，则大部分同类产品都不能满足，而消费者的不满也主要集中于口味。但对于毛毛食品来说，口味好，正是它的优势所在。由此产品特点与消费者需求的结合点，就是传统美味。

八、广告对象定位

（一）总体诉求对象

年龄在20～45岁之间，中等收入以上，生活忙碌又追求高质量生活的家庭和个人。

（二）诉求对象的细分

（1）年龄在20～25岁之间，独立生活，生活无规律，自己负责饮食的单身青年。

（2）年龄在25～30岁之间，独立生活，没有孩子，生活无规律，共同负责饮食的年轻夫妇。

（3）年龄在30～45岁之间，有较小的孩子，生活忙碌，主要由妻子操持膳食的双职工家庭。

九、广告表现创意及策略

（一）广告主题：现代科技使您轻松享用传统美味

从"毛毛食品保留传统面食的口味和文化内涵，同时以现代科技将传统美味发挥得更加出色"的诉求点出发，广告可以发展出多个主题，如：

现代生活的品味源自对传统的保留和发展。

传统的厨艺对现代人具有永恒的魅力。

现代科技使您轻松享用传统美味。

真正的美味永远源自传统。

建议毛毛广告采用正面主题，正面传达广告诉求重点。在多个正面主题中，选择最能突出产品源自传统与现代科技相结合的现代科技使您轻松享用传统美味作为广告作品的主题。

（二）广告创意

1.广告创意的核心内容：

根据广告诉求重点和广告主题，发展创意：让你随时都能吃到"妈妈包的饺子"。通过"毛毛"饺子接近家常口味的优势，赋予它"妈妈包的饺子"的形象，打破一般消费者对速冻饺子口味的认识，打消家庭主妇给家人使用速冻饺子的心理压力，并且可以使一些独立生活的年轻人产生对母亲和家人的怀念。

2.广告创意的表现策略：

由于这一创意具有比较丰富的内涵，针对不同身份的诉求对象和不同的广告媒介可以作不同的表现，能发挥各种媒体的优点，所以建议以系列广告的形式进行表现。

（三）广告作品的表现

1. 明星张凯丽代言电视广告。

广告语：毛毛水饺，妈妈包的饺子。

2. 电视广告文字脚本：

《青年篇》——针对离家在外工作的单身青年进行诉求

男青年下班后回到宿舍，面对简陋的厨具和各种方便面没有胃口。

（画外音）"离家这么多年，慢慢习惯了一切，唯一的遗憾是妈妈包的饺子不能带在身边。"

青年愤然把方便面抛在一边，走到门口的小型超市。在速冻食品的柜台前徘徊，无从选择，突然看到了"毛毛"包装上的"妈妈包的饺子"。

（画外音）"来一包速冻饺子吧。"

青年煮好了饺子，开始吃，非常惊讶："速冻饺子也有这么薄的皮，这么大的馅，口感也像妈妈包的一样。"

（画外音）"毛毛食品特别学习了传统饺子的制作方法，把妈妈的水饺送到你的身边。"

推出企业的名称。

（画外音）"毛毛速冻水饺，妈妈包的饺子。"

3. 报纸广告文案：

《青年篇》

标题：妈妈包的饺子

正文：

离家这么多年，慢慢一切都习惯了，"嘴"遗憾的是不能把妈妈包的饺子带在身边。

总是以方便面充饥，早就没有了胃口。

什么时候能常常吃到妈妈包的饺子呢？

直到我发现了"毛毛"。

它皮薄，馅大，味道醇正，像妈妈包的一样好吃。

在独身生活的日子里，我再也不用为每天吃什么发愁了。

4. 广告作品的规格及要求：

（1）电视广告：30秒。选择普通的人物和普通的生活场景，用光自然，有真实感，胶片拍摄。

（2）报纸广告：通栏。画面从电视广告中截取，配合电视加深消费者对本产品的印象，版面编排突出中国传统的风格。

十、广告媒体组合与实施方案

（一）本策划的媒体组合

本次广告活动，毛毛企业下了很大力气，投入较多的费用，所以建议突破一般只做电视广告的模式，采取电视广告和报纸广告两大主流媒体策略。

1. 电视广告为主导，向目标消费者做重点诉求，争取用电视广告达到最广泛的覆盖面。

2. 以报纸广告为补充，向目标消费者传达关于产品的更丰富的信息，同时将各种促销活动内容及时告知消费者。

（二）所选媒体及特征

1. 辽宁电视台的综合频道（辽宁卫视）、都市频道和生活频道。辽宁电视台是辽宁省收视率最高的电视台之一，一般家庭都喜欢收看这一台的节目。

综合频道（辽宁卫视）：于 1997 年 1 月 1 日起通过亚洲 2 号通讯卫星实现卫星传播后，"辽宁电视台卫星频道"的呼号正式启用，已实现 24 小时全天数字化播出，并通过亚洲 2 号卫星覆盖全国各省、市、自治区 200 余个城市。可接收人口达 3.1 亿，稳定的可接收家庭 8 200 万户。在省内，辽宁卫视可覆盖100%的城市和98%的乡镇。辽宁卫视以"东北第一、全国一流、国际视野"为目标，"向北方"为口号，已经进入全国省级卫视第一阵营。

都市频道：是目前辽沈地区影响最大、收视率最高的一个地面黄金频道，以《新北方》为代表的电视栏目创造了一个又一个收视奇迹。全省各市的双重覆盖优势，为辽宁广播电视台主打频道之一。该频道以服务百姓、贴近生活、贴近观众的特点成为辽沈地区最受观众喜爱的强势地面频道。

生活频道：以服务的视角，关注民生，体察民情，节目集贴近性、服务性、权威性于一体，彰显实用、亲和的媒体风格，记录百姓原生态生活，服务民生，贴近民意，潜移默化中给予百姓生活更大的关注。频道现有栏目主要有《生活导报》、《有一说一》、《大事小情》、《大城小事》等，诸多栏目现已成为辽沈地区的品牌栏目。让节目与观众手牵手，心连心，让观众更细致地生活，让观众的生活更精致。几年来生活频道的收视在省网有线及沈阳市网均拥有相当大的固定收视群体。生活频道最想传达给观众的一种生活方式，同时也是我们最希望观众能够达到的一种生活状态，让每一个人都能够懂生活，爱生活，快乐地享受生活。

2.《辽沈晚报》、《沈阳晚报》。

《辽沈晚报》创刊于 1993 年 1 月 1 日，是辽宁日报报业集团主办的以综合新闻为基础的省级晚报，每周七刊，分叠印刷，采用国际流行的瘦报形式，日发行量达 82.6 万份，日均阅读人数 350 万。已成为东北地区发行量最大、广告收入最高、影响最为深远的东北第一都市报。

《沈阳晚报》创刊于 1985 年 7 月 1 日，由沈阳日报报业集团主办，是地方老牌报纸，新闻报道中规中矩。是沈阳市创刊最早的晚报类报纸，日发行量 45 万余份。据权威调查机构调查显示《沈阳晚报》在辽沈报业市场中，拥有读者群规模位居第一，平均每期阅读位居第一，读者群高达 69.1% 位居第一。《沈阳晚报》已成为辽沈地区群众喜爱的报纸之一。

3.《时尚生活导报》创刊于 2005 年 10 月，2006 年初由东北地区最大的报业集团辽宁报业传媒集团与全国最具竞争力城市报刊《精品购物指南》合作，强强联手，共同打造，是东北地区第一份时尚类城市生活周报。许多青年人都以它为购物指导，对青年人的消费有较大的影响，可以作为对青年消费者进行诉求的主要媒介。

(三)促销活动组合

1.促销活动与广告活动的配合。

(1)在广告开始发布的同时，在各零售点开展促销活动。

(2)争取每月都有不同主题的系列促销活动。

(3)以直接的售点促销和媒介促销广告相结合。

2.售点促销活动的内容：

(1)现场品尝：请消费者在销售现场品尝产品。

(2)赠品促销：向购买一定数量产品的消费者赠送小型礼品或者采取买几送几的方式赠送商品。

(3)加大包装促销：制作特别的包装以优惠价格出售。

(4)赠券兑换促销：在部分商品包装中加入幸运兑换奖，消费者凭兑换券可以免费兑换一定数量的商品。

3.与媒介广告配合的大型促销活动的内容：

(1)开展"我家饺子食谱"征集活动，征集消费者家庭自制饺子的食谱，以了解消费者对速冻饺子口味的需求，同时拉近企业和消费者之间的距离，增加消费者对毛毛食品的印象和好感。活动可以通过凭收集包装参加的方式进行促销。

(2)开展"毛毛饺子制作方法大赛"，鼓励消费者发明更多的制作方法，丰富速冻饺子的食用方法，突出"毛毛"饺子口味更接近与家庭制作的味道，提高消费者的购买频率和购买量，从而扩大市场。可以通过收集包装参加的形式直接促销。

（3）广告媒介发布排期表（见表9-6）：

表9-6　广告媒介发布排期表

媒介	尺寸时间	刊播时间及频率						总数（次）	单价（元）	总价（元）
		1、2月	3、4月	5、6月	7、8月	9、10月	11、12月			
辽宁电视台三个频道	30秒	每天一次	每周五次1、3、5、6、日	每周五次1、3、5、6、日	每周三次5、6、日	每周三次5、6、日	每周两次6、日	210	25 000	5 250 000
辽沈晚报、沈阳晚报	通栏	每天一次	每天一次	每周四次1、3、5、日	每周四次1、3、5、日	每周两次1、4	每周两次1、4	226	7 500	1 695 000
时尚生活导报	通栏	每周一次	每周一次	每周一次	每周一次	每周一次	每周一次	52	10 000	520 000
总计										7 465 000

十一、广告预算方案

本次广告活动的广告预算方案已制订成广告预算书(略)。

十二、广告效果测定

1.建议在2011年4月做一次事前测试，以测定诉求对象对广告诉求点、广告主题及广告创意表现的接受程度。此事前测试对广告策划方案的实施极为重要，一方面可以根据测试结果对策划方案进行调整和修改，另一方面也可将之作为将来比较广告效果的基准点。

2.广告刊播后，建议定期以问卷、座谈会等方式做广告效果的事中测试，并随时修正策划方案。电视广告每月测定一次，报纸广告每两月测定一次，每月举办消费者座谈会。

3.2011年年末，做最后一次广告效果测试，那时广告预算的绝大部分已经用完，而广告诉求对象也已经完全暴露于广告信息之下。此测试应该能说明我们的广告活动在他们心中所建立的位置。

附录(略)

封底(略)

【讨论题】

1. 广告策划书在广告策划整体过程中起到什么作用?

2. 广告策划书的写作有何特点? 举例说明。

3. 广告策划书的正文非常重要, 其包括哪些部分?

【实训题】

表 9-7 实训一

实训名称	为旺旺食品撰写一份完整的 2014 年春节广告策划书
实训目的	通过实训使学生能够正确掌握广告策划书撰写的基本程序和基本格式
实训要求	1. 以小组为单位完成 2. 分工协作, 任务明确, 注意每一阶段任务的衔接性 3. 以小组为单位收集相关信息, 以备使用 4. 方案应具有可行性

【背景资料】

旺旺的业务可追溯至中国台湾宜兰食品工业股份有限公司, 于 1992 年正式投资大陆市场, 是中国台湾第一个在大陆注册商标并且拥有最多注册商标的公司, 于 1994 年在湖南设立第一家工厂, 旺旺秉持着"缘、自信、大团结"的经营理念, 立志成为"综合消费食品王国", 向着"中国第一, 世界第一"的目标不断前进。其旺旺雪米饼、仙贝、大礼包、旺仔小馒头均为主打产品。

表 9-8 实训二

实训名称	为中国广告网撰写一份完整的广告策划书
实训目的	通过实训使学生能够正确掌握广告策划书的基本撰写格式
实训要求	1. 个人独立完成 2. 认真分析所给背景资料, 同时需要收集更多的信息 3. 各部分内容阐述翔实, 策略具有可行性

【背景资料】

根据提供的信息，独立撰写一份完整的广告策划书。

广告主：中国广告网

主题：中国广告网之形象广告

传播目的：让受众了解中国广告网，传递并强化中国广告行业第一门户网的定位。深化受众对中国广告网的认知，提高中国广告网的知名度和美誉度。

市场概况：中国广告网是一个专门针对广告行业资讯的发布平台，是此领域最专业的代表之一。

消费者需求：中国广告界需要更快速的广告界资讯，更专业的人才招聘平台。

产品介绍：

从提供资讯方面，中国广告网是广告业的"CCTV"。

从赢利模式方面，中国广告网是广告业的阿里巴巴。

产品个性——权威的、专业的、内容丰富的。

产品定位——中国广告行业第一门户网站。

产品形象——权威、专业。

目标消费者：互联网网民、广告界商家、广告人、广告专业学生。

主要竞争对手：中华广告网、中国广告人网。

中国广告网网址：www.cnad.com。

参考文献

[1] 罗玲玲. 创意思维训练(修订第二版). 北京：首都经济贸易大学出版社，2012

[2] 徐凤兰，方腾，王文科. 广告策划学. 杭州：浙江大学出版社，2009

[3] 魏炬. 广告思谋与运作. 长沙：中南大学出版社，2006

[4] 余明阳，陈先红. 广告策划创意学. 上海：复旦大学出版社，2004

[5] 饶德江. 广告策划与创意. 武汉：武汉大学出版社，2003

[6] 张勇. 广告创意训练教程. 北京：高等教育出版社，2003

[7] 程宇宁. 广告创意(第二版). 北京：中国传媒大学出版社，2009

[8] 王吉方主编. 广告策划与实务. 中国经济出版社，2009

[9] 刘宝金主编. 广告运行谋略. 长沙：中南大学出版社，2009

[10] 王晓华著. 广告效果测定. 长沙：中南大学出版社，2004

[11] 李飞著. 定位地图. 经济科学出版社，2008

[12] 吴柏林编著. 广告策划实务与案例. 机械工业出版社，2010

[13] 田卉稳编著. 广告策划. 中国广播电视出版社，2011

[14] 蒋旭峰等主编. 广告策划与创意(第二版). 中国人民大学出版社，2011

[15] 李明编著. 广告媒体策划. 南京大学出版社，2009

[16] 程瑶等编著. 广告效果评估. 合肥工业大学出版社，2009

图书在版编目（ＣＩＰ）数据

广告策划运作／董旭，王凯，孙雪娇主编.
--长沙：中南大学出版社，2013.7
ISBN 978 - 7 - 5487 - 0917 - 6

Ⅰ.广…　Ⅱ.①董…②王…③孙…　Ⅲ.广告学—高等职业
教育—教材　Ⅳ.F713.81

中国版本图书馆 CIP 数据核字（2013）第 162483 号

广告策划运作

董 旭 王 凯 孙雪娇 主编

□**责任编辑**　彭亚非
□**责任印制**　易红卫
□**出版发行**　中南大学出版社
　　　　　　社址：长沙市麓山南路　　　　邮编：410083
　　　　　　发行科电话：0731 - 88876770　　传真：0731 - 88710482
□**印　　装**　北京虎彩文化传播有限公司

□**开　　本**　730×960　1/16　□**印张** 14.25　□**字数** 224 千字
□**版　　次**　2013 年 7 月第 1 版　□2019 年 1 月第 2 次印刷
□**书　　号**　ISBN 978 - 7 - 5487 - 0917 - 6
□**定　　价**　38.00 元